INVESTIGANDO VIDAS PASSADAS

INVESTIGANDO VIDAS PASSADAS

RAYMOND A. MOODY, JR., M.D.
PAUL PERRY

INVESTIGANDO VIDAS PASSADAS

O Dr. Raymond A. Moody, famoso psiquiatra americano, estuda o valor terapêutico da Regressão a Vidas Passadas

Tradução
MAURO DE CAMPOS SILVA

EDITORA CULTRIX
São Paulo

Título do original:
Coming Back
A Psychiatrist Explores Past-Life Journeys

Edição -2-3-4-5-6-7-8-9-10-

Ano -95-96-97-

Direitos de tradução para o Brasil
adquiridos com exclusividade pela
EDITORA CULTRIX LTDA.
Rua Dr. Mário Vicente, 374 — 04270 — São Paulo, SP — Fone: 272 1399
que se reserva a propriedade literária desta tradução.

Impresso em nossas oficinas gráficas.

Sumário

Introdução

Já tivemos outras vidas antes desta? Viveremos novamente?

Muitas pessoas, religiosas ou não, acreditam que sim. Os hindus acham que morremos e retornamos numa espécie de ciclo interminável de morte e renovação. Por exemplo, alguns orientais acreditam que a pessoa, quando morre carregada de pecados, voltará novamente como ser humano, a fim de que tenha nova chance de purificar-se. Os hindus crêem que colhemos o que plantamos: uma pessoa que foi má nesta vida voltará na próxima como algo repugnante, um inseto, talvez.

Alguns acreditam poder retornar a essas vidas passadas quando bem entendem. Julgam que a hipnose pode penetrar numa área do cérebro onde estão armazenadas todas as vidas que viveram, ou parte delas, como um arquivo armazena velhos registros de impostos.

Esse processo de acesso hipnótico a vidas passadas é chamado de *regressão*.

Acho correto dizer que a maioria das pessoas considera a regressão como algo fictício. Elas a associam a crenças como as convergências harmônicas (em que os planetas se alinham para formar zonas de força na Terra) ou a cura de doenças pelo uso de cristais.

Existem diferenças significativas entre essas coisas (que também considero fictícias) e a regressão a vidas passadas. A principal é esta: usando o veículo dessa regressão, *algo acontece*. Pessoas normais e psicologicamente sadias efetivamente vêem a si próprias em culturas antigas, vivendo em eras longínquas. Nessas visões aparecem vestindo as roupas da época e geralmente participam das conversas típicas desse tempo.

Não são todos os que, ao regredirem, vivem a vida de Cristóvão Colombo, de Henrique VIII ou de alguma outra figura histórica famosa. A maioria não pertence à realeza nem é membro da elite. Na maior parte das vezes, são escravos ou gladiadores, soldados ou cavalariços. Em resumo, gente comum vivendo vidas tão comuns quanto as que levam agora. Poucos se mostram como pessoas especiais, e um número ainda menor experimenta vidas opulentas e grandiosas.

Sei que isso é verdade porque pude constatá-lo em minha prática psiquiátrica.

Por vezes, no meu trabalho como psicoterapeuta com pessoas psicologicamente sadias, me surpreendo ao ouvir os pacientes descreverem episódios enigmáticos durante os quais pareciam se transportar, através do tempo e do espaço, de volta a uma esfera onde experimentavam uma sensação de identidade com alguém que viveu num período histórico anterior.

Geralmente a experiência toma a forma de uma imagem sensorial. Com muita freqüência é visual. Mas às vezes a pessoa que está sendo hipnotizada descreve apenas sons e odores e nada consegue ver. Ela sente que essas imagens têm relação com eventos ocorridos antes do seu nascimento. No entanto, as imagens parecem tão reais que ela fica convencida de que realmente "voltou no tempo".

Por muitos anos acreditei que os vários casos de que tratara ou de que ouvira falar fossem aberrações, apenas breves e nítidas fantasias que não valiam a pena estudar.

E assim ficariam as coisas não fosse a publicação de *Life After Life*, meu primeiro livro sobre experiências de quase-morte. Depois de publicado o livro, recebi centenas de cartas de leitores, a maioria descrevendo experiências de quase-morte, vivências espirituais nítidas de pessoas que tinham chegado à beira da morte.

Mas entre essas cartas havia relatos de outros tipos fascinantes de fenômenos psicológicos e espirituais, incluindo várias narrativas de recordações de vidas passadas semelhantes àquelas que eu tinha ouvido de pacientes na psicoterapia. Algumas, como as que se seguem, eram espantosas:

> Quando regredi, me vi como uma garotinha de 12 anos na floresta junto a um riacho. Olhei para baixo e notei que meus pés eram escuros. Perto de mim, numa espécie de cabana, havia uma mulher que eu sabia ser minha avó. Ela estava morrendo, e eu me sentia muito sozinha.
>
> Fui capaz de regredir mais ainda, até os 5 anos de idade. Eu não sentia a presença de um pai na família, mas eu estava lá com minha mãe. Ao nosso redor, os homens da vila construíam casas feitas de troncos de árvore. Eu passava os dias com as mulheres da tribo, trançando cestas e colhendo alimentos.
>
> Eu não sabia onde era esse lugar, mas sabia que o homem branco estava lá pois, segundo as conversas que podia ouvir, tínhamos sido perseguidos até esse novo local por estrangeiros brancos.
>
> Quando minha avó morreu, fiquei sem ninguém e vivi solitária na floresta até os 20 anos. Depois pude ir até o cenário de minha morte e vi que eu havia quebrado a perna e não havia ninguém para cuidar de mim. Observei que minha perna perdia a cor e, finalmente, descobri ser essa a causa de minha morte.

Essa mulher disse-me que suas experiências foram muito nítidas, como a memória recente. E que também os odores do ambiente estavam sempre presentes.

Uma outra mulher viu-se com o pai num mercado cheio de gente:

> Usávamos túnicas rústicas e havia carroças e cavalos por toda parte. Paramos num mercado de escravos, onde meu pai comprou vários deles.
>
> Voltei para casa onde morava com ele. Nossa residência era bonita, cercada de muros e muito bem mobiliada. Tive a sensação de que éramos muito ricos.
>
> Prossegui em minha vida até os 16 anos e me vi muito transtornada com meu pai. Ele tentava me casar com um homem mais velho, mas eu não queria. Estava furiosa e com medo.
>
> Resolvi ir embora para o Novo Mundo. Minha governanta arranjou-me algum dinheiro e eu comprei a passagem para um navio que estava cruzando o oceano em direção à América.

Mas o navio afundou. Pude ver todas as pessoas à minha volta em pânico e nadando, inclusive eu, que procurava desesperadamente algo em que pudesse me agarrar. Então me vi morrendo afogada.

Como se pode perceber, esses casos são em muitos aspectos semelhantes. A pessoa é inundada de imagens que julga pertencer à sua vida num tempo passado.

Embora essas imagens freqüentemente ocorram no contexto de um conflito psicológico ou de uma crise, às vezes parecem emergir sem nenhuma razão.

Algumas das cartas que recebi e os pacientes de que tratei descrevem essas imagens depois da visita a alguma nova localidade. Eles dizem que a familiaridade do ambiente provoca sentimentos perturbadores de que, conforme a expressão de um missivista, "há recordações naquelas paredes".

Essa espontânea familiaridade gera uma sensação de nostalgia em muitas dessas pessoas. Geralmente elas têm saudade do ambiente visto na regressão. Elas viviam bem em suas vidas anteriores? Eram felizes? Eram ricas ou pobres? Eram respeitados pilares da comunidade? Ou simplesmente o sal da terra? Perguntas como estas vêm à mente com freqüência, quando se abre essa janela do passado. Para muitos, essa experiência anuncia o começo de uma profunda busca espiritual e psicológica que, em última análise, resulta numa nova sensação de paz e autocompreensão.

Uma odisséia para todos

Nos úlimos anos, as experiências com vidas passadas têm sido amplamente analisadas na mídia. Shirley MacLaine teve várias delas contadas detalhadamente em *Out on a Limb*.

Seus relatos dessas "vidas passadas" — e as narrativas de outros — deixaram a maioria das pessoas pensando que nada podiam fazer além de ouvir a narração dessas notáveis viagens hipnóticas. Para o resto de nós, as portas da percepção estariam fechadas.

Eu também pensava assim, até que há dois anos comecei a empreender minha própria jornada no incerto e estimulante domínio das experiências de vidas passadas. Embora eu tivesse consumido boa parte de minha carreira profissional estudando as experiências incomuns de outras pessoas, nada tão extraordinário tinha acontecido comigo.

Apesar de ter aprendido hipnose, nunca a utilizara com outro objetivo que não o de ajudar meus pacientes a relaxar, a suportar a dor ou a parar de fumar. Nem havia pensado que eu particularmente fosse bastante suscetível a ela. Na minha opinião, tratava-se de um caminho para o relaxamento profundo, para um sono tranqüilo, e nada mais.

Mas em abril de 1986 as portas da percepção se abriram para mim, quando visitei meus amigos John Audette e Diana Denholm, na Flórida. Diana é uma psicóloga clínica que há anos utiliza a hipnose para ajudar seus clientes a perder peso, parar de fumar, superar fobias e aprender a relaxar.

Ela me disse que de vez em quando um cliente profundamente hipnotizado regredia espontaneamente para o que pensavam ser uma vida passada. A primeira vez que isso aconteceu foi uma experiência confusa para Diana. Ela achou que havia cometido algum engano ou que o paciente tinha um distúrbio de personalidade múltipla.

Depois de o fenômeno ter ocorrido algumas vezes, Diana deixou de se assustar quando as pessoas voltavam para um passado longínquo. Em vez disso, ficou intrigada até finalmente aprender a induzir uma regressão a vidas passadas.

Agora ela usa esse processo como instrumento terapêutico, alegando que essa "visão do passado" permite aos pacientes examinar os problemas da vida atual.

Mostrei-me cético. Como a maioria dos profissionais, eu não acreditava que houvesse qualquer validade nas alegações de uma viagem hipnótica no tempo.

Sem argumentar, ela se ofereceu para me hipnotizar. Naquela mesma tarde, sob a sua paciente orientação, entrei num profundo transe hipnótico e tive uma experiência simplesmente estarrecedora. Quando me perguntam agora sobre essa experiência, descrevo-a como estimulante, absorvente, enigmática, porém, em última análise, muito tranqüila e animadora.

Investigando um mistério

O que vivenciei naquele dia foi o começo de um fascinante projeto de pesquisa que durou dois anos, durante os quais passei por muitas regressões e conduzi dezenas de pessoas através desse processo, em que elas experimentaram suas regressões.

A investigação me levou a crer que praticamente qualquer um pode fazer essas emocionantes viagens a vidas passadas. É preciso apenas paciência e disposição para acreditar que há muita coisa desconhecida sobre a mente humana, especialmente em relação às formas notáveis com que parece comunicar-se consigo própria. Esta é uma dimensão que ainda não foi pesquisada a fundo. Mas é onde se criam os mitos pessoais em cada um de nós, formando as nossas auto-imagens e fazendo de nós aquilo que somos.

Como disse o mitólogo Joseph Campbell: "A reencarnação sugere que o sujeito é mais do que pensa ser. Há dimensões no seu ser e um potencial para a realização e consciência que não estão incluídos no conceito que faz de si mesmo. Sua vida é muito mais profunda e ampla do que ele concebe. O que está vivendo não passa de uma insinuação fracionária do que realmente está dentro dele, o que lhe dá vida, amplitude e profundidade. Mas é possível viver em termos dessa profundidade. Quando se a experimenta, subitamente se percebe que todas as religiões estão falando sobre isso."

Respostas e mais perguntas

Minha pesquisa pode ser útil na busca da identidade pessoal. As regressões a vidas passadas certamente me ajudaram. Por intermédio desse processo hipnótico, tenho sido capaz de entender por que reajo de uma determinada maneira a certos eventos, ambientes e mesmo imagens. As regressões têm sido um instrumento valioso para o conhecimento de mim mesmo.

Mas fique prevenido: assim como eu, você pode descobrir que essas experiências levantam muitas questões. Não me importo com isso. A despeito das questões, minhas regressões intensificaram minha percepção interior e abriram para mim possibilidades com as quais nem havia sonhado.

Outra palavra de advertência: é fácil concluir que essas experiências vivas são prova de uma vida anterior a esta. Apesar de eu não poder provar o contrário, não acredito que de fato sejam essa prova. Como se verá, propus uma explicação mais simples, que me satisfaz. É uma explicação que você pode testar por si mesmo.

Talvez o aspecto mais interessante das regressões a vidas passadas seja a possibilidade que a pessoa tem de tirar suas próprias conclusões e usar as experiências de regressão da maneira que desejar. Podem-se utilizá-las como valiosas ferramentas de autodescoberta para revelar novas soluções para velhos conflitos psicológicos ou para alcançar aquela indefinível paz mental.

Como disse um sábio médico: "Cada um de nós é uma experiência. Podemos usar os resultados da nossa pesquisa do modo que desejarmos."

Algumas palavras sobre como os casos foram reunidos para este livro: a hipnose de regressão geralmente é um processo demorado que requer um considerável volume de indagações por parte do terapeuta. Sob certos aspectos, pode ser comparada ao modo como um cônjuge relata um emocionante dia de trabalho. Há muitas perguntas por parte do ouvinte sobre coisas específicas: detalhes interessantes de conversas que ocorreram, reações a eventos e descrições de ambientes. A hipnose de regressão é assim: uma árdua série de perguntas e respostas entre o paciente e o terapeuta que ocorre quando aquele se encontra em sono hipnótico profundo.

Aqui, uma transcrição parcial de uma das regressões de um paciente meu:

Paciente: Estou olhando para baixo e me vejo usando uma túnica branca.

Terapeuta: Pode ver outras pessoas ao seu redor?

Paciente: Sim, posso.

Terapeuta: O que estão vestindo?

Paciente: Também usam túnicas brancas.

Terapeuta: O que estão fazendo?

Paciente: Estão em volta de um muro de pedra no meio da cidade. Todos carregam grandes recipientes, e um homem está mergulhando uma espécie de balde num buraco e depois puxa a água. Ele está enchendo os recipientes com água.

Terapeuta: Como estão agindo as pessoas em volta desse poço?

Paciente: Todas parecem felizes. Algo vai acontecer e elas estão esperando.

Terapeuta: Pode chegar mais perto delas para ouvir o que estão dizendo?

Paciente: Sim, posso. Estou junto delas agora e posso ouvir o que estão dizendo. Estão felizes porque hoje o rei virá à cidade. Ele chegará logo, pois alguém viu sua caravana no horizonte.

E assim por diante.

Para os objetivos deste livro, cada caso é apresentado como um resumo detalhado das experiências do paciente, relatadas imediatamente após a hipnose. Esse processo cristalizou a experiência para o paciente e também para mim, de modo que pudéssemos ter sessões de terapia de melhor qualidade. Além disso, proporcionou o relato de histórias lúcidas e interessantes que constituem a espinha dorsal deste livro.

I

Estudos

1

As Nove Vidas Passadas de Raymond Moody

Minhas preleções sobre o tema das experiências de quase-morte sempre levantaram questões sobre os fenômenos paranormais. Quando chega a hora de o público fazer perguntas, uma boa porcentagem dos presentes provavelmente envolve assuntos como experiências com OVNIs, torção de colheres, assombrações e regressão a vidas passadas.

Não só esses temas estavam fora do meu domínio como eram um tanto embaraçosos para mim. Afinal de contas, nenhum deles tinha qualquer coisa a ver com experiências de quase-morte. Em primeiro lugar, as experiências de quase-morte (EQMs) são eventos espirituais profundos que ocorrem, sem serem provocados, com algumas pessoas que estão prestes a morrer. Geralmente vêm acompanhados de um ou de mais de um dos sintomas seguintes: uma experiência fora do corpo, a sensação de estar subindo rapidamente por um túnel em direção a uma luz brilhante, ver na outra extremidade do túnel parentes há muito já falecidos e fazer uma retrospectiva da vida pessoal orientada por um ser de luz.

As EQMs têm pouco a ver com os vários outros fenômenos paranormais sobre os quais eu era freqüentemente indagado depois das palestras. Representavam outras áreas de estudo que na verdade não me interessavam muito.

Isso incluía regressões a vidas passadas. Sempre pensei que essas viagens de volta no tempo eram produto da fantasia da pessoa e nada mais. Na minha opinião, as pessoas devaneavam ou aquilo representava alguma forma bizarra de desejo de realização. Eu julgava que a maioria daqueles que eram bem-sucedidos na regressão se via como um personagem exótico, por exemplo, um nobre egípcio. Quando alguém me perguntava sobre vidas passadas, era difícil para mim esconder meu ceticismo.

A primeira vez que ouvi falar em regressões a vidas passadas foi por intermédio de Ian Stevenson, um professor da Universidade de Virgínia. Ele é um psiquiatra e um especialista em medicina psicossomática que tem investigado histórias de reencarnação recolhidas de todas as partes do mundo. São tipicamente histórias contadas por crianças que espontaneamente "se lembram" de vidas passadas.

Numa certa época, Stevenson fez algumas regressões hipnóticas e chegou à conclusão de que era um método muito duvidoso para estudar a questão da reencarnação. Ele acreditava que o paciente estava reproduzindo algo que havia aprendido ou ouvido no passado, e que agora — sob o efeito da hipnose — simplesmente o projetava para fora.

Era esse o estado de coisas até que conheci Diana Denholm. Ela é uma psicóloga encantadora e persuasiva que já utilizava a hipnose em sua prática. Originariamente, ela a empregava para ajudar as pessoas a parar de fumar, a perder peso e até a encontrar objetos perdidos. Mas coisas estranhas aconteciam, disse ela. De vez em quando, um paciente começava a falar de experiências de uma vida passada. Na maior parte das vezes, esses eventos ocorriam quando Diana conduzia as pessoas de volta no tempo para recuperar uma memória traumática perdida, processo conhecido como terapia de regressão de idade. Essa técnica as ajudava a encontrar a origem de fobias ou neuroses que estavam criando problemas. A intenção era a de fazer com que a pessoa revivesse o passado através de sua vida atual, fase por fase, para descobrir um trauma psicológico, mais ou menos como um arqueólogo escavando através de estratos do tempo num sítio arqueológico para desenterrar relíquias.

O objetivo da terapia de regressão *não* era o de ir além da data da certidão de nascimento do paciente, mas apenas voltar a um determinado momento da vida atual.

Ocasionalmente, no entanto, os pacientes iam mais além do que parecia possível. De repente, começavam a falar de uma outra vida, de um outro lugar e tempo, como se tudo isso estivesse ali, bem diante de seus olhos.

Por exemplo, uma mulher que tinha dificuldade para corresponder às necessidades sexuais do marido poderia ir a um hipnoterapeuta como Diana para verificar se havia sido praticado contra ela algum tipo de abuso na infância que a tornasse sexualmente desinteressada. Mas, no processo de regressão, ela podia subitamente começar a descrever uma vida passada em que, como escrava no exuberante Império Romano, foi vítima de abuso sexual.

Coisas esquisitas como essas aconteciam com Diana, quando ela conduzia as regressões hipnóticas.

A princípio, essas experiências a deixavam assustada. Ela achava que tinha cometido algum erro na hipnoterapia ou talvez que se tratava de alguém com personalidades múltiplas. Mas depois de isso ter acontecido algumas vezes, Diana percebeu que poderia utilizar essas experiências para ajudar no tratamento dos distúrbios de seus pacientes.

Com a pesquisa e a prática, ela se tornou bastante competente em evocar as vidas passadas de pessoas que assim o permitissem. Agora Diana utilizava a terapia de regressão regularmente, pois com freqüência economizam-se horas de terapia ao mergulhar diretamente no âmago do problema.

O que Diana tinha a dizer sobre regressões havia me intrigado. Até então eu desprezara essas experiências. Mas agora tratava-se de alguém que eu respeitava falando sobre um fenômeno que não havia sido provocado, mas simplesmente acontecia com seus pacientes na prática terapêutica.

Acreditando que cada um de nós tem uma experiência única, eu quis experimentar as regressões a vidas passadas. Expressei a Diana o meu desejo e ela cortesmente se ofereceu para fazer uma regressão naquela mesma tarde. Sentei-me numa poltrona reclinável muito aconchegante e fui conduzido, lenta e habilidosamente, a um transe profundo. Mais tarde ela me disse que eu estivera sob a ação hipnótica por cerca de uma hora. Em todas as vezes, estive consciente de ser Raymond Moody e estar sob a direção de uma maravilhosa hipnotizadora. Mas, ao mesmo tempo, regredi até nove civilizações e pude me ver e conhecer o mundo em diversas encarnações. Até esse dia, eu não sabia o que estas significavam — ou mesmo se significavam alguma coisa. Sei que foram experiências muito intensas, mais como realidade do que como sonho. As cores eram tão reais quanto o eram na vida, e os eventos se desdobraram a partir de sua própria lógica interna e não através de qualquer "desejo" meu. Eu não estava dizendo: "O que eu quero que aconteça depois?" ou "Como deve ser o enredo?" Essas vidas, bem nítidas, apareciam espontaneamente, como filmes numa tela.

Algumas notas gerais sobre as vidas pelas quais passei nessa fascinante viagem da mente: apenas duas delas ocorreram durante períodos que pude reconhecer, ambas na Roma antiga. As outras não forneceram nenhuma evidência pela qual eu as pudesse datar em termos da história ocidental moderna. Ou se passavam em sociedades primitivas pré-históricas, ou não tinham nenhum contexto histórico.

Quando comecei a ver esses episódios, eles tinham uma tal familiaridade que chegavam a estar impregnados de nostalgia. Era realmente como se eu estivesse me lembrando de experiências verdadeiras. Alguns eram fragmentários; outros eram tão completos e reais que senti como se estivesse recordando a minha própria vida assistindo a filmes de família.

Aqui está, em ordem cronológica, a série de vidas pelas quais passei sob a orientação de Diana Denholm.

Vida nº 1: na floresta

Na primeira encarnação, eu era um proto-humano, uma versão pré-histórica do homem. Decididamente, uma criatura arbórea, que vivia confortavelmente no alto das árvores, no meio dos galhos e das folhas. Minha aparência era surpreendentemente humana; por certo eu não era um macaco.

Eu não estava sozinho, mas com um grupo de criaturas que juntas viviam em estruturas parecidas com ninhos. Ajudávamos uns aos outros a construir essas habitações e assegurávamos um acesso mútuo. Sabíamos que havia não só segurança por força da quantidade mas também conforto. Devíamos estar longe na escala da evolução cerebral. Apesar de ser uma criatura simiesca, eu apreciava a beleza. Isso porque escolhemos um bonito lugar para viver, como se o ambiente fosse uma prioridade para nós. Flores em matizes cor-de-rosa que acarpetavam o topo das árvores espalhavam-se em volta de nossa plataforma viva, proporcionando maravilhosas decorações naturais, um verdadeiro mar de cores.

Durante essa experiência, meu centro de gravidade estava nos ombros, diferentemente do que acontece agora com os seres humanos, cujo centro de gravidade se encontra nos quadris. Eu me movia curvado, com os braços balançando junto aos pés. Podia ficar ereto com alguma dificuldade, mas geralmente me movimentava sobre os quatro membros quando precisava de velocidade e agilidade.

Lembro-me de uma grande sensação de curiosidade bem como de medo em relação à vida lá embaixo, no chão. Num determinado momento, um animal que parecia ser um javali passou correndo sob a nossa árvore, provocando um terrível tumulto. Lembro que isso deixou a mim e aos meus companheiros "pré-humanos" transtornados. Aquilo resultou em outro estranho e novo sentimento: o medo que sentíamos era frenético, um medo desorganizador que nos fazia pular desvairadamente. Contudo, misturada a esse pavor, havia uma forte curiosidade. Eu queria muito olhar mais de perto aquele animal, quase a ponto de deixar que essa curiosidade superasse o bom senso.

Enquanto manifestava esses sentimentos de uma curiosidade quase fatal, percebi que era incapaz de me expressar verbalmente. Nosso método de comunicação era simplesmente deixar que as emoções viessem à tona. Em vez de falar, ficávamos com a frustração de representar nossas necessidades por meio de mímicas.

Também lembro que éramos frugívoros. Recordo-me bem de estar comendo uma fruta que eu não conseguia reconhecer. Era suculenta e cheia de sementes vermelhas. Para mim era tão real que na verdade tinha a sensação de a estar comendo ali mesmo, em transe hipnótico. Podia até sentir o suco escorrendo pelo queixo enquanto mastigava a fruta.

Durante a regressão eu não controlava a passagem de uma existência a outra. Meu subconsciente parecia selecionar o que eu devia ver, fazendo uma cena desaparecer e outra surgir. Portanto, tive um pequeno vislumbre de minha vida nas árvores e passei, em seguida, para outra existência.

Vida nº 2: África primitiva

Nessa vida eu tinha cerca de 12 anos de idade e vivia com um grupo de pessoas numa floresta tropical de uma beleza espetacular. Deduzi que estávamos na África, pois éramos todos negros.

No começo da aventura hipnótica, eu me vi na selva olhando de um suave declive para uma praia completamente branca, às margens de um lago tranqüilo. Em volta da aldeia havia uma floresta tropical rarefeita que se tornava mais densa à medida que alcançava as colinas e as montanhas.

As casas em que vivíamos ficavam a uns 60 centímetros do chão, sobre estacas reforçadas. As paredes de palha trançada cercavam uma grande sala quadrada. Eu não podia falar muito sobre o lugar, exceto que era bastante confortável. O clima era agradável e a brisa do lago mantinha o ar fresco dentro das choupanas.

Continuei vendo cenas aleatórias dessa vida.

Num determinado momento eu era um menino pescando às margens do lago. Os homens estavam nos barcos, na água, mas eu era muito jovem para me juntar a eles. No entanto, estava orgulhoso de minha contribuição para o abastecimeno da aldeia, uma fieira de peixes que eu apanhara sozinho. Planejei ficar lá na enseada jogando a rede e arrastando os peixes até o pôr-do-sol.

Embora eu nunca visse os meus pais nesse episódio, tinha uma forte sensação de sua presença. Eu sabia, por exemplo, que meu pai estava num daqueles barcos, trabalhando com os outros homens da aldeia, e que minha mãe estava com as mulheres, mas nunca os vi. Simplesmente confortava-me sabê-los próximos de mim.

Numa outra ocasião, já mais velho, eu escalava uma montanha negro-azulada, extraordinariamente acidentada. Estávamos caminhando descalços por uma trilha primitiva, carregando lanças longas e escudos de madeira pintados com imagens radiantes de animais.

Todos nós estávamos esfuziantemente decorados com pinturas de guerra. Embora o caminho fosse muito íngreme e difícil de escalar, prendemos a respiração ao máximo para não fazer demasiado barulho.

O grande medo que eu sentia me fez pensar que travaríamos uma batalha. Lembro-me de estar muito cansado e assustado. Eu não entendia por que estava fazendo aquela viagem, e tinha um profundo desejo de retornar para casa, perto do lago.

Então essa vida foi aos poucos desaparecendo.

Vida nº 3: o erro do mestre construtor de barco

No episódio seguinte eu me vi a partir do ponto de vista de uma terceira pessoa como um homem muito velho e musculoso. Tinha olhos azuis, cabelos longos prateados e ainda — nessa idade avançada — trabalhava duro na minha profissão de mestre construtor de barcos.

Eu estava trabalhando numa longa construção completamente aberta de um lado e que dava para um grande rio. Na construção havia longas vigas e pesados troncos de madeira. Nas paredes e espalhadas pelo chão, podiam-se ver as ferramentas primitivas do ofício de construtor de barcos.

Essas deviam ser as horas finais da minha vida. Comigo estava a minha neta, de uns 3 anos de idade e muito tímida. Eu conversava com ela, mostrando-lhe as ferramentas num barco que acabara de concluir, enquanto a menina espiava timidamente por sobre as amuradas.

Naquele dia, lancei o barco à água e levei minha neta para dar um passeio. Estávamos nos divertindo no rio sereno, quando de repente uma muralha de água precipitou-se sobre nós, tragando o barco. Fui jogado para um lado e vi minha neta ser arrastada para o outro. Debati-me na água tentando alcançá-la, mas a natureza foi mais rápida do que eu. Com tristeza, vi-a sendo sugada pelas águas.

Naquele instante, desisti. Lembro-me de estar afundando pela última vez, com um grande sentimento de culpa por ter proposto a viagem de barco que matou minha querida netinha.

Em meu estado hipnótico, o medo era tão forte como se eu realmente estivesse me afogando. O coração martelava e a pressão sangüínea subia, enquanto a água afluía violentamente em volta dos meus ouvidos e eu tentava me agarrar ao barco. As mãos escorregaram da embarcação e a água me silenciou, levando-me para baixo. Afundei sentindo toda a culpa que um avô sentiria por ser responsável pela morte de uma neta. À medida que me aproximava do fim, a culpa se transformava em êxtase. Nesse momento, uma luz brilhante me envolveu e fui dominado por uma total felicidade. Eu sabia então que tudo estaria bem para nós dois, minha neta e eu. Na verdade era uma sensação de alívio.

Vida nº 4: o temível caçador de mamutes

Na vida seguinte eu me vi como membro de um bando de pessoas que desesperadamente caçava mamutes lanígeros.

Não faz meu estilo enfrentar algo tão grande, muito menos um mamute. Mas no meu estado hipnótico pude ver que não éramos um grupo bem-alimentado e, na verdade, precisávamos de comida.

Vestíamos peles de animais que nos deixavam aquecidos o bastante para sobreviver. Cobriam-nos o peito e o ombro, mas pouco nos protegiam do frio e nada ocultavam das partes íntimas. Não que isso importasse naquele momento, já que pouco pensávamos no calor ou no pudor quando lutávamos com os mamutes. Seis de nós estavam numa pequena vala golpeando esse poderoso animal com pedras e porretes.

O mamute agarrou um dos membros da tribo com a tromba e, com um hábil e eficiente movimento, simplesmente esmagou-lhe a cabeça. Foi um horror primevo.

No meio desse horror, lembro-me de ter pensado que devia haver uma maneira mais fácil de arranjar comida do que aquela. Dizer que foi uma experiência exasperante e deprimente é atenuar essa dramática lembrança.

Mas foi ela que me forneceu algumas perspectivas úteis. Pude visualizar isso não só na primeira pessoa, como participante, mas também na terceira pessoa, como quem assiste a um filme numa tela. Essa perspectiva era um tanto confusa para mim, como se de repente eu tivesse uma experiência fora do corpo e fosse capaz de me ver participando de uma atividade intensa.

Vida nº 5: as primeiras obras públicas

Felizmente, fui adiante. Desta vez me vi no meio de um enorme projeto de obras públicas, num tempo que imaginei ser os primórdios da civilização. Neste sonho eu não era um rei nem mesmo um capataz, mas simplesmente um dos operários. Acho que estávamos trabalhando num aqueduto ou num sistema viário, mas não tenho certeza, pois de onde eu me encontrava não podia ver o centro das atividades.

Nós, operários, vivíamos em edifícios de pedra branca enfileirados, com pequenos parques entre eles. Eu morava com minha mulher num pavimento superior, e tinha a sensação de que há anos vivíamos ali, pois o lugar me parecia muito familiar.

A sala em que morávamos tinha uma pequena plataforma para dormir, onde eu e minha esposa estávamos deitados. Eu sentia muita fome e minha mulher estava quase literalmente morrendo de inanição. Deitada na cama, muito magra, ela esperava que a vida a abandonasse. Ficávamos em silêncio, tentando conservar energia para sobreviver mais um dia. Em minha regressão, pude vê-la descarnada, sem músculos e cansada demais para sequer esboçar um sorriso. A fome a havia envelhecido, mas ela devia estar provavelmente com uns quarenta anos, os cabelos negros da cor do carvão e um rosto de malares proeminentes.

Eu sentia que tínhamos tido uma boa vida juntos, mas a falta de comida entorpecia muitas lembranças.

Nao estávamos sozinhos na nossa fome. Deve ter havido uma carestia, pois toda a sociedade estava faminta. Todos os homens com os quais eu trabalhava já acordavam cansados pela manhã e com fome. Lembro-me de estar subindo com dificuldade um morro para ir trabalhar logo cedo. Nenhum de nós falava, porque não tínhamos força. Apenas continuávamos a caminhar penosamente, em silêncio.

Eu tinha um grande sentimento de culpa, pois minha mulher estava morrendo e eu nada podia fazer para protegê-la.

Lembro-me de estar caminhando melancolicamente morro acima, olhando para trás, na direção do nosso apartamento, e me sentindo desesperançado. Então, aos poucos, essa vida foi sumindo.

Vida nº 6: lançado aos leões

Na próxima existência, finalmente eu fazia parte de uma cultura que pude reconhecer — a Roma antiga. Infelizmente, eu não era nem o imperador, nem um nobre. Eu estava na cova de um leão, prestes a ser devorado para deleite da platéia.

Por pouco tempo me vi na terceira pessoa. Tinha cabelos longos, castanho-avermelhados, e também um bigode. Era muito magro e usava apenas calções de couro. Sabia algo de minha história pessoal. Viera de uma região hoje conhecida como Alemanha, capturado durante uma das campanhas militares do Império Romano. Fora utilizado pelo exército para carregar os saques de guerra para Roma e agora estava na iminência de ser morto tão-somente para divertir os romanos. Pude me ver olhando para cima, para uma multidão que circundava a parte superior da cova. Devo ter ficado olhando para ela pedindo clemência, pois atrás do portão, ao meu lado, havia um leão desesperadamente faminto. Senti a sua energia e ouvi o barulho que fazia enquanto se preparava para me devorar.

Eu sabia que não tinha como escapar. Contudo, quando o portão foi suspenso, meu instinto de sobrevivência prevaleceu e comecei a procurar uma saída. A perspectiva visual mudou e agora eu estava dentro do meu próprio corpo, olhando para fora. Rapidamente olhei para a direita e depois para a esquerda. Quando olhei para este lado, meus olhos surpreenderam o olhar de um espectador. Ele parecia o homem mais perverso que eu já vira até então, desprovido de qualquer emoção ou bondade. Seus cabelos eram longos, castanhos e cuidadosamente aparados no topo da cabeça redonda. Seu olho esquerdo era rosado e vicioso, dando-lhe ao rosto uma aparência ainda mais desprovida de emoção.

Ele estava sentado perto de um sujeito obeso vestido com uma toga suja, que não prestava nenhuma atenção em mim. Mas o homem de olho cor-de-rosa me fitava enquanto comia. Quando nossos olhos se encontraram, ele simplesmente deu uma risadinha e se pôs a mastigar. Não parecia ser tão instruído quanto sádico. Minha morte era só um divertimento para ele.

O que aconteceu depois foi confuso. Ouvi deslizar o trinco no portão e vi o leão abri-lo e investir na minha direção. Tentei me proteger mantendo os braços levantados, mas o animal veio como se eles não estivessem ali. Para delírio da multidão, fui derrubado e prensado no chão pelo enorme felino.

A última coisa de que me lembro foi a de estar preso entre um par de patas, prestes a ter o crânio esmagado pelas poderosas mandíbulas do leão. Imaginei que o próximo som que ouviria seria o de minha cabeça sendo triturada. Generosamente, fui poupado de ouvi-lo, à medida que essa vida começava a desaparecer.

Vida nº 7: nobreza até o fim

Minha vida seguinte foi a de um nobre e mais uma vez na Roma antiga.

Eu estava numa bela residência que fulgurava com a luz evanescente do final da tarde e com a luz amarela das lâmpadas a óleo que davam às paredes de mármore da sala um lustro cintilante.

Eu usava uma toga branca e estava deitado num sofá com formato de uma espreguiçadeira moderna. Acho que estava com mais ou menos 40 anos, era um pouco barrigudo e tinha a pele macia de um burocrata acostumado a serviços leves. Lembro de uma sensação de total satisfação enquanto estava lá, olhando para o meu filho. Ele parecia ter uns 15 anos, cabelos pretos e ondulados, bem cortados, emoldurando com beleza seu rosto apavorado. Dizia: "Pai, por que essas pessoas estão tentando entrar aqui?"

Apesar de ver o terror estampado em seu rosto, eu me sentia plenamente satisfeito. Continuei deitado, com as mãos atrás da cabeça, apoiando-a de modo que pudesse ver meu filho aterrorizado. "Ora, filho", disse eu, "é para isso que temos os soldados."

"Mas, pai, eles são tantos", alertou o garoto. Ele parecia tão assustado que resolvi me levantar e satisfazer minha ociosa curiosidade só para ver do que o menino estava falando. Caminhei até a sacada e vi um punhado de soldados romanos empurrando uma imensa turba de descontentes.

Naquele instante percebi que havia uma boa razão para ficar tão apavorado quanto o meu filho. Olhei para ele e pela sua reação vi que todo o medo que de repente senti estava estampado no meu rosto.

Foi esse o fim dessa existência. Pelos sentimentos que tive depois de ver a multidão, penso que minha vida estava quase terminando.

Vida nº 8: morte no deserto

A regressão à vida seguinte levou-me a uma região montanhosa, nos desertos do Oriente Médio. Eu era um comerciante e minha casa ficava em cima de uma colina, próxima ao meu estabelecimento.

Meu local de trabalho era uma pequena tenda onde eu comprava e vendia jóias. Ficava lá sentado o dia todo avaliando ouro, prata e pedras preciosas. Algumas vezes vendia trabalhos (em metal). Também negociava com caravanas que passavam por essa rota comercial. Embora o lugar não prometesse muito, era de conhecimento geral que eu ganhava muito dinheiro.

Minha casa constituía para mim motivo de orgulho. Era uma residência maravilhosa, de tijolos vermelhos, com uma varanda situada de tal modo que o vento fresco do final da tarde a tornava o lugar perfeito para passar o tempo. Ficava comprimida contra uma montanha e conseqüentemente não tinha quintal, apenas uma vista para as montanhas distantes e vales entremeados de rios que davam ao deserto um aspecto interessante. A casa tinha uma grande sala de estar com piso de pedras e amplas arcadas sustentadas por pilares, proporcionando um panorama e também um bom fluxo de ar, quando soprava alguma brisa.

Lembro-me de que dava longas e relaxantes caminhadas pelas colinas com a minha esposa para ver o sol baixar e tingir o céu de vermelho.

Um dia, quando vinha para casa, tive a sensação, ao me aproximar, de que tudo estava estranhamente quieto. Entrei e passei de um cômodo ao outro, todos silenciosos, cada vez mais temeroso. Então, ao adentrar o quarto, vi minha mulher e meus três filhos mortos, brutalmente assassinados. Não tenho certeza de como isso aconteceu, mas pela quantidade de sangue acho que foram retalhados com facas.

Pelo sentimento que experimentei sob o efeito da hipnose, percebi que aquilo tinha sido uma tragédia da qual nunca me recuperei. Não sei onde minha vida física terminou naquela encarnação, mas sei que essencialmente ela havia acabado a partir daquele horrível evento.

Vida nº 9: a artista oriental

Na última vida da minha regressão hipnótica me vi como uma artista chinesa — sim, uma *mulher*.

O primeiro fato de que me lembro foi o de ser uma menina de seis anos e ter um irmão mais novo. Nossos pais nos tinham levado para um belo lugar, semelhante em grandeza às cataratas de Yosemite. Havia caminhos que conduziam até impressionantes paredões de granito, com quedas-d'água que brotavam de grandes rachaduras. No local em que estávamos, podíamos ver uma cachoeira que caía em direção a uma fenda profunda. Embora houvesse uma grade protetora, eu temia que meu irmãozinho pudesse cair naquele abismo. Preocupava-me com ele e por isso segurava seu braço com firmeza. Minha preocupação infantil divertia os meus pais, que olhavam para mim e riam.

Avancei no tempo e pude ver que a minha vida era devotada à arte. Em várias cenas me vi pintando. Em algumas delas vi meu trabalho da perspectiva da tela. Observei como ocorriam minhas pinceladas e como cada uma tinha significado dentro de todo o quadro.

Meu estúdio era arejado e iluminado por uma grande janela. Nesse momento eu tinha cerca de 30 anos e andava curvada, talvez devido a um defeito congênito ou a alguma deficiência dietética.

Essa regressão continha várias lembranças fragmentárias. Num determinado instante me lembrei de estar na vila onde vivia, me encontrando com um velho amigo. Estávamos conversando na calçada quando de repente, no meio da rua, apareceu um intenso clarão, brilhante como um lampejo de magnésio. Ficamos perplexos com esse fenômeno.

Estávamos atordoados com o que víamos. Fomos procurar um famoso sábio, um filósofo, a fim de que nos desse uma explicação para essa visão. Ele não tinha nada a dizer, a não ser que um incidente semelhante havia ocorrido vários anos atrás numa outra cidade.

Num outro momento dessa mesma vida, fui até uma grande casa de pedra visitar uma tia idosa. Ela parecia ter uns 60 anos e ficou radiante ao me ver, pois eu era a sua sobrinha predileta. Seus cabelos grisalhos estavam puxados para trás e amarrados em trança. Podia vê-la nitidamente, de pé na varanda, vestindo calças de algodão e uma camisa, olhando para mim e falando enquanto eu subia as escadas.

Foram imagens breves. Então segui até o momento de minha morte. Eu havia empobrecido e vivia numa pequena casa localizada num beco atrás de umas residências abastadas. Era confortável. Havia uma cama, um fogão e uma janela que iluminava o ambiente o suficiente para eu pintar. Apesar da localização, a área não era segura. Eu estava dormindo, nesse último dia da minha vida, quando um jovem entrou em casa e me estrangulou. Foi simplesmente assim. Ele não levou nada do que eu possuía. Só queria a única coisa que não tinha nenhum valor para ele: a minha vida.

Quando morri, levantei-me sobre o meu corpo e não me preocupei comigo, a vítima, e sim com o jovem assassino, que estava ali, de pé, numa postura arrogante, obviamente orgulhoso de seu trabalho. Eu tentava perguntar ao rapaz por que fizera aquilo comigo. Queria saber o que o tinha feito tão infeliz a ponto de pensar que precisava matar uma velha.

Acenei para ele, gritei, mas ele não me ouvia. Não tinha como me comunicar com aquele jovem. Finalmente, parecia que eu estava sumindo aos poucos, saindo daquela vida. Para onde, não sei.

Foi assim. Nove vidas, e uma hora mais tarde minha perspectiva sobre essas "coisas" que chamam de regressão a vidas passadas havia mudado totalmente. Diana Denholm me trouxe lentamente de volta do transe hipnótico. É claro que ela estava se divertindo com o ar de perplexidade em meu rosto, pois quando abri os olhos vi que exibia um amplo sorriso.

"Espantoso, não é mesmo?", disse ela.

Concordei inteiramente. Percebi que minhas suposições sobre a regressão a vidas passadas estavam erradas. As imagens que vira nada tinham que ver com realização dos desejos. Afinal de contas, quando desejei lutar com um mamute lanígero ou ser comido por um leão como parte de um espetáculo público? É claro que alguma coisa estava acontecendo. Essas regressões a vidas passadas realmente penetram em nossas vidas anteriores ou simplesmente no mundo de fantasias do subconsciente? "Depende do seu ponto de vista", disse Diana. Obviamente ela achava graça do meu espanto. Eu também. E fiquei um pouco embaraçado. Todos esses anos eu rejeitara a noção de regressões a vidas passadas, considerando-as semelhantes a passes de mágica. Agora que eu tinha passado por essa experiência, o que ia fazer?

Comecei a tomar notas mentalmente.

Superficialmente, parecia que as regressões ocorriam num nível singular de consciência, possuidor de aspectos distintos. Não eram como os sonhos nem como os devaneios. Essas experiências davam a impressão de familiaridade. À medida que se desdobravam, parecia que eu as recordava, em vez de criá-las.

No entanto, proporcionavam algo diferente da experiência real. Enquanto me encontrava em estado de regressão, era capaz de me ver de várias perspectivas. Assim, por exemplo, eu como que pairava sobre mim mesmo durante certo tempo naquela horrível cova dos leões, observando a ação como se fosse um espectador. Mas também estava dentro da cova. A mesma coisa acontecia quando vislumbrei os meus dias de construtor de barcos. Por algum tempo, me vi construindo aquele barco da perspectiva de uma terceira pessoa. Depois, aparentemente sem nenhum motivo e sem possibilidade de controlar a situação, eu estava de volta no meu corpo, visualizando o mundo do ponto de vista do velho construtor de barcos.

Essa mudança de perspectiva era um mistério. Mas as outras coisas também. De onde vinham essas "visões"? Naquele tempo eu não tinha nenhum interesse por história. Contudo, lá estava eu, vagueando através de diferentes épocas históricas, algumas conhecidas, outras não. Eram reais ou evocadas?

Eu sabia, pela minha vivência como médico e psiquiatra, que não podia tirar conclusões precipitadas sobre essas experiências vívidas. Superficialmente, pareciam ser a prova da reencarnação. Mas, como psiquiatra, sei que a mente é algo profundo e assombroso, um órgão que funciona em muitos níveis. No seu nível menos óbvio, pode ser uma coletora aleatória de informações e imagens, *bits* de informação que aderem a ela sem nenhum motivo aparente.

Sentado na sala de Diana, na Flórida, me lembrei de um desses casos. Certa vez, um amigo psicoterapeuta me contou sua experiência com uma "vida passada". Ele foi hipnotizado e induzido a voltar a uma outra vida. Para surpresa sua, veio-lhe à mente uma existência. Ele se viu perambulando entre habitações cavadas na rocha, provavelmente nos desertos do sudoeste dos Estados Unidos. Ele viu com nítidos detalhes o interior de santuários circulares dos locais mais sagrados. Foi até capaz de descrever a roupa que seu povo usava e algumas ferramentas fabricadas para o cultivo agrícola.

Vários meses depois, na casa de seus pais, ele assistia a alguns filmes domésticos sobre suas férias quando criança e de repente se deparou com aquelas mesmas cenas que tinham sido recordadas durante a hipnose. Ele tinha simplesmente penetrado numa lembrança de infância.

Porém, eu não podia desprezar a possibilidade da reencarnação. Além de não querer afirmar que milhões de hindus estão errados, havia muitas regressões inexplicáveis que me chamaram a atenção.

Minha própria regressão a vidas passadas me deixou confuso. Realmente, eu não esperava ter essa experiência durante uma hipnose. Se eu já tivesse visto algo, não acharia a experiência tão inexplicável. Nesse caso, eu poderia me ver numa vida anterior como o fora-da-lei Jesse James, por causa de algum livro que eu tivesse lido, ou como Júlio César, devido à lembrança de um filme. Mas as nove vidas que vivenciei durante a hipnose foram de fato uma surpresa. A maioria delas pareceu ocorrer em épocas sobre as quais eu nunca havia lido, muito menos visto em filmes. E em todas elas eu era essencialmente uma pessoa comum, o que derrubava a teoria de que todos os que regridem a uma vida passada se vêem como Cleópatra ou alguma outra figura histórica igualmente fascinante.

Alguns dias depois da regressão, eu admitia que a experiência era um mistério para mim. A única maneira de começar a desvendar esse mistério era estruturando um estudo científico que examinasse as regressões, desmontando-as e olhando para cada uma de suas partes. Eu esperava fazer com as regressões a vidas passadas o que havia feito com as experiências de quase-morte: analisá-las em seus elementos comuns, para ver como uma poderia ser comparada a outra.

Tomei nota de algumas das perguntas que esperava responder no meu estudo sobre regressão a vidas passadas.

• As condições clínicas, tanto mentais como físicas, podem ser afetadas pela terapia de regressão a vidas passadas?

A ligação mente/corpo é um assunto que ultimamente tem sido considerado com profundidade; contudo, existem poucos trabalhos sobre os efeitos das regressões nos problemas clínicos.

Eu estava especialmente interessado no efeito que essa terapia pudesse exercer sobre as fobias, esses temores inexplicados que as pessoas costumam sentir. Tinha ouvido falar que freqüentemente as regressões eram capazes de revelar a origem desses medos, possibilitando que a pessoa superasse o problema. Agora eu mesmo investigaria a questão.

• Como essas estranhas viagens podem ser explicadas? Se não acreditamos que tais ocorrências são uma prova da reencarnação, como então explicá-las?

Nessa época, eu não tinha uma resposta. Mas comecei a tomar nota de algumas possíveis explicações. Uma era a de que a mente cria seus próprios dramas, quase como se fossem programas de televisão. Esses dramas existem naquele nível inconsciente que Jung afirma ser tão ativo em cada um de nós. Essas vidas passadas, eu pensava, são quase como mitos pessoais em cada um de nós.

Comecei a procurar pesquisas que dessem apoio a essa teoria.

• Porém, como explicar os casos verdadeiramente misteriosos?

Embora necessariamente eu não acreditasse que isso fosse uma prova da reencarnação, como fazem muitas pessoas, devo admitir que alguns casos de que tinha ouvido falar não podiam ser explicados com muita facilidade.

• As pessoas podem penetrar nas suas vidas passadas sem a ajuda de um hipnotizador?

Eu queria saber se a auto-hipnose pode ser tão eficiente quanto a hipnoterapia no conhecimento dessas vidas passadas.

De volta para casa, no avião, percebi que tinha permitido que Diana Denholm me hipnotizasse com a esperança de armazenar algumas respostas da experiência. O resultado foi exatamente o oposto. Agora estava cheio de perguntas que precisavam ser respondidas. Minha curiosidade foi despertada. Eu estava pronto para estudar as vidas passadas.

2

Características das Regressões a Vidas Passadas

Comecei minha pesquisa em casa.

Eu estava ensinando psicologia no Western Georgia State College, em Carrollton. Apesar do ar conservador dessa tradicional cidade sulista (uma grande escultura de mármore de um soldado confederado ocupa um lugar de destaque próximo ao centro da cidade), o Western Georgia State tem um departamento de psicologia que enfatiza o estudo da paranormalidade. Essa ênfase é rara em faculdades e universidades modernas. A maior parte dos departamentos de psicologia nos Estados Unidos segue a linha ortodoxa, que prefere usar a terapia cognitiva. Associada principalmente ao behaviorismo, essa terapia se limita a formas terapêuticas e de experiência que possam ser empiricamente provadas.

O Western Georgia não despreza a terapia cognitiva e oferece muitos cursos que mantêm os estudantes bem familiarizados com a ortodoxia. Mas quando William Roll, diretor da Psychical Research Foundation, ingressou no departamento de psicologia, nos anos 80, ele quis ter a certeza de que os vários fenômenos paranormais também fossem abordados em sua fascinante profundidade. Embora muitos sejam fenômenos induzidos, não podendo ser controlados ou criados no ambiente de laboratório, os fundadores desse departamento queriam que os alunos tivessem conhecimento do inexplicado, assim como do planejável e do controlável.

É por isso que lá existem cursos sobre fantasmas, experiências de quase-morte e astrologia, misturados com hipnose, auto-hipnose e psicoterapia xamanista moderna.

Características das regressões

Meu primeiro passo na pesquisa de vidas passadas consistiu em hipnotizar um grande número de pessoas e tentar conduzi-las a regressões para examinar as propriedades da experiência. As pessoas que eu planejava estudar eram alunos meus. A meta dessa pesquisa era descobrir as características das regressões a vidas passadas, de modo que pudessem ser entendidas e empregadas pelos terapeutas.

Eu tinha cumprido essa mesma meta no começo dos anos 70 com as pesquisas de quase-morte. Dissecando as experiências de cerca de 200 pessoas, pude revelar os traços comuns que definem esse conhecimento espiritual. As 12 características comuns nas EQMs proporcionaram aos terapeutas, aos médicos e aos pacientes um guia para o entendimento desses fatos enigmáticos.

Para a minha pesquisa, eu precisava de aproximadamente 50 pessoas que fossem pacientes experimentais voluntários. Eles tinham de ser condescendentes e abertos em relação a novas experiências. Era preciso que tivessem um horário flexível e estivessem dispostos a despender mais do que o tempo planejado, se alguma das regressões durasse mais do que o esperado. Essas exigências faziam dos alunos o grupo de estudo perfeito. Coloquei um anúncio no departamento de psicologia e logo pude arrolar mais de 50 voluntários, prontos, dispostos e capazes.

Planejei experimentar várias técnicas de regressão com eles. A ênfase principal estaria nas regressões individuais. As pessoas seriam trazidas para o meu consultório e eu conduziria as sessões de hipnose, uma de cada vez.

Não querendo me limitar a uma população de estudantes, fiz muitas regressões com outras pesoas para justificar qualquer desvio que pudesse ser verificado ao pesquisar apenas alunos.

Eu esperava os melhores resultados das regressões individuais. As pessoas tendem a ser hipnotizadas mais profundamente quando estão sozinhas. Contudo, eu queria tentar algumas sessões em grupo só para ver quais seriam os resultados. Conforme se observou, as vidas "recordadas" não foram tão completas ou pitorescas quanto as regressões individuais, mas encontrei um fenômeno extra-sensorial interessante: em várias ocasiões um estudante de um lado da classe experimentava virtualmente a mesma vida passada que um aluno do outro lado. Por exemplo, uma mulher que se descrevia como uma bailarina vestindo uma malha azul e dançando diante de um grande público, num palco todo iluminado, estava descrevendo praticamente a mesma experiência de uma mulher do outro lado da sala.

O terceiro tipo de técnica de regressão que eu planejava experimentar era a arte esquecida da cristalomancia, mais conhecida como adivinhação através da bola de cristal.

Muito popular entre os sábios tibetanos e os iluminados de outros países, a cristalomancia foi usada até pela rainha da Inglaterra para dar orientação pessoal através do cipoal de negócios de Estado com os quais tinha de lidar. Nessa técnica, a pessoa olha fixamente para uma bola de cristal ou para algum outro centro bem-definido, enquanto em estado de indução hipnótica.

Usei a técnica da bola de cristal tanto em grupos como individualmente. De um modo geral, foi a que ofereceu melhores resultados, talvez porque a bola de cristal desse ao indivíduo uma sensação de controle.

Terapeutas de regressão

Percebi que minhas regressões não eram suficientes. Eu precisava de mais elementos com os quais pudesse comparar minhas descobertas. Encontrei análises de casos de que necessitava nos arquivos de vários psicólogos especializados nessa área em expansão da terapia de regressão.

Essa terapia de vanguarda da "Nova Era" foi pela primeira vez centro de interesse de uma associação oficial na primavera de 1980, quando, de acordo com Hazel Denning, uma famosa terapeuta de regressão, 52 terapeutas se reuniram numa sessão privativa em Irvine, na Califórnia, para fundar uma associação de terapeutas de regressão a vidas passadas. O objetivo era criar uma central de atendimento para dar informação e treinamento sobre vidas passadas.

Atualmente, a Associação para Pesquisa e Terapia de Vidas Passadas tem centenas de membros espalhados por todo o mundo e também um programa muito ativo de conferências e *workshops*, publicando até um jornal bianual de pesquisa e um boletim informativo trimestral.

Os terapeutas de regressão a vidas passadas acreditam que as experiências de vidas anteriores podem afetar a perspectiva e o comportamento atual de uma pessoa. Assim, por exemplo, um sujeito que tem medo de fogo pode ter tido uma experiência numa vida passada em que morrera queimado em Roma, enquanto Nero tocava lira. Ou pode sentir medo de avião porque numa existência passada foi passageiro do malfadado Hindenberg.

Esses terapeutas prontamente admitem estar à margem da psicologia ortodoxa. Não obstante, têm orgulho dessa investigação num admirável mundo novo, sem os grilhões do empirismo.

No primeiro número do *Journal of Regression Therapy*, a editora Irene Hickman declarou:

> Os membros da APTV usam técnicas que descobrem e revelam acontecimentos do passado — às vezes de um passado distante — que estão causando doenças, desequilíbrios ou disfunções no presente. Verificamos em nossa experiência que, quando um paciente ou cliente tem um problema de qualquer natureza, há uma causa, que essa causa pode ser trazida à luz com as técnicas de regressão e pode ser tratada de forma a neutralizar o efeito, permitindo assim a recuperação da saúde.
>
> Admitimos que nem a nossa pesquisa nem a nossa terapia se adaptam aos moldes científicos. Talvez isso se deva às rigorosas limitações da ciência — tão rigorosas que nenhuma experimentação com indivíduos humanos pode se adaptar ao paradigma científico que requer uma exata reprodutividade.
>
> Já que nenhuma experiência com seres humanos pode ser reproduzida exatamente, talvez seja necessário para a ciência postular um novo paradigma. Na falta de uma visão mais ampla, a ciência exclui a pesquisa que poderia revelar a verdadeira nature-

za da mente humana, a natureza da consciência, e responder à pergunta a respeito da sobrevivência após a morte corpórea.

Estamos convencidos de que encontramos e continuamos a encontrar respostas importantes para o homem. Elevaremos o conhecimento, possibilitaremos o desenvolvimento de uma saúde melhor, da harmonia, da paz interior e da criatividade. As técnicas que usamos estão ajudando nossos pacientes/clientes a atingir uma criatividade ótima.

Surpreendentemente, os terapeutas de regressão a vidas passadas não acreditam necessariamente em vidas passadas, apenas na experiência. Não é raro ouvi-los referir-se às regressões como "fantasias", ou estabelecer a distinção entre "regressões autênticas" e "estados oníricos metafóricos".

Num artigo publicado no jornal, o terapeuta Garrett Oppenheim conta o caso de uma mulher estuprada numa vida passada, em que foi empregada de uma fazenda do século XVII. Segundo o seu relato, ela estava alimentando os porcos, quando foi arrebatada por quatro estranhos que a atiraram no chiqueiro, agrediram-na e estupraram-na repetidas vezes. Satisfeitos, eles mergulharam-lhe o rosto no estrume e a sufocaram.

Depois, quando o terapeuta lhe perguntou o que significavam as regressões, ela falou de repente: "Não vou mais ter medo de fazer sexo com o meu marido."

Sobre este caso, Oppenheim escreveu:

> O marido dela, contou ela na classe, na semana seguinte, não entendia dessas bobagens sobre reencarnação. Enfatizei cuidadosamente para ela — e para toda a classe — que não importava se uma experiência de reencarnação era literalmente verdadeira ou não. O que importava eram os resultados terapêuticos. Na outra semana, Doris reconhecia que tanto ela quanto o marido tinham de concordar comigo — "de coração".

Os terapeutas que contatei acreditavam em vidas passadas. Estavam convencidos, por experiência pessoal e pela dos seus pacientes, que a memória sobrevive à morte e se encontra profundamente sepultada em nossa mente. "Dada a oportunidade", disse um deles, "posso ajudá-lo a vislumbrar algo — mesmo que seja um fragmento — de suas vidas."

Pelo que pude ver dos arquivos que me mostraram, eles haviam feito exatamente isso com várias pessoas.

Muitos dos clientes tiveram a experiência de rever outras vidas sob os cuidados desses habilidosos hipnotizadores. Algumas foram como as minhas, eventos vívidos que não pareciam estar ligados a nada em particular. Outras, bem mais detalhadas e cheias de significado, relacionadas com a vida atual do paciente. Mas, se por um lado as experiências de vidas passadas eram intricadas em seus detalhes ou incompletas e fragmentárias, por outro lado continham certas características identificáveis em cada uma. Analisando minha pesquisa e os artigos dos terapeutas de regressão, fui capaz de isolar 12 características presentes nas regressões a vidas passadas.

Não vou dizer que uma pessoa não está tendo uma experiência de regressão se não apresentar todas as características abaixo delineadas. Digo, no entanto, que podem esperar pela ocorrência de vários desses "sintomas" quando se submeterem ao processo de regressão.

Característica nº 1:
As experiências de vidas passadas são geralmente visuais

A maioria dos meus pacientes diz que suas experiências de vidas passadas consistem em grande parte em imagens sensoriais. Essas imagens geralmente são visuais, mas em alguns casos são também descritos odores e sons. Eles afirmam que as imagens são mais vívidas ou "reais" do que nos devaneios comuns. Não costumam aparecer distorcidas, naquela forma estranha, familiar, dos sonhos.

As imagens de vidas passadas freqüentemente são coloridas. Temos aqui o exemplo de uma mulher submetida à regressão que se viu como empregado de uma fazenda no final do século XIX.

> Eu era um rapaz de 18 anos e estava sentado na parte de trás de uma carroça, com os pés balançando. Eu estava ali mesmo. Podia ver os meus pés balançando para fora da carroça com tanta nitidez, como se o tivesse feito há apenas uns cinco minutos.
>
> Mais tarde, naquela mesma vida, eu estava trabalhando numa cerca, quando vi uma cobra nos meus pés, tão evidente como

se estivesse bem aqui na nossa frente. Corri para fugir dela e caí, batendo com a testa numa rocha. A dor foi tão real que fiquei com dor de cabeça quando saí do transe. Também pensei que o sangue estava pingando do meu rosto, mesmo depois que saí da hipnose, pois ainda podia senti-lo por causa da rocha que me havia feito sangrar durante o transe.

Esse é apenas um exemplo da maneira como os sentidos são estimulados pelas regressões a vidas passadas.

Com menos freqüência, a experiência de uma vida passada ocorre na forma de pensamentos. Não causa surpresa que as pessoas cujas experiências de vidas passadas não apresentam imagens são geralmente aquelas que afirmam ter poucas imagens mentais no dia-a-dia de sua vida interior "atual". Todavia, a falta de imagens sensoriais não torna a experiência menos convincente. As regressões que consistem somente em pensamentos podem ser tão comoventes e fascinantes quanto aquelas que contêm imagens vívidas e vibrantes.

Característica nº 2:
As regressões a vidas passadas parecem ter vida própria

As cenas e os fatos visualizados durante uma vida passada parecem desdobrar-se espontaneamente, como se o seu efeito e progressão fossem de algum modo independentes do controle consciente da pessoa que está passando pela experiência. Conseqüentemente, os pacientes costumam se sentir como se estivessem testemunhando os fatos, e não os criando, como faria alguém num devaneio. Com freqüência descrevem essa sensação como a de assistir a um filme que de algum modo parece familiar.

Um bom exemplo é a minha própria regressão. Quando me vi como a artista chinesa, eu não estava lá sentado tomando decisões sobre o que iria acontecer depois. Eu tinha a sensação de que estava assistindo a um filme. Os eventos se desdobravam, cena por cena. Para mim era como estar diante de um telão. Tudo se mostrava em cores vivas e com detalhes. Tudo o que tinha a fazer era sentar e observar.

Característica nº 3:
As imagens dão a estranha impressão de familiaridade

O encontro com vidas passadas geralmente é permeado por uma sensação de familiaridade, de nostalgia mesmo. O que aquelas pessoas sentem é semelhante à experiência comum do *déjà vu*, uma sensação de já ter feito ou visto aquilo que agora estão vivenciando.

Esses sentimentos de familiaridade podem variar em intensidade, de uma vaga sensação de recordação a uma aparente lembrança repentina dos eventos, há muito esquecidos, mas agora forçosamente retomados.

Temos como exemplo a regressão de um paciente que chamaremos de Neal. Este georgiano criado no sul entre a religião batista voltou à improvável existência de um monge da Irlanda. Ele teve muitas experiências com as quais parecia muito familiarizado, mas talvez a mais impressionante seja aquela em que ele e um outro monge observavam do topo de uma colina ladrões assassinando alguns fazendeiros idosos.

> Foi horroroso, mas parecido com o que eu tinha visto antes. Quando acabamos de subir o morro, olhamos para baixo e notamos um bando de cavaleiros cavalgando em direção à casa da fazenda. O velho fazendeiro e sua esposa saíram para ver quem estava chegando. Os cavaleiros se aproximaram e os atingiram com espadas e porretes. Vimos então quando apearam e começaram a saquear a casa.
>
> Ao ver esse acontecimento no transe, não me surpreendi. Tive a sensação de me lembrar disso. Foi horrível. Mas eu já havia estado lá.

Às vezes a experiência desperta um sentimento de saudade da aparente vida anterior. A pessoa pode até sentir muita nostalgia pelo mundo perdido.

Um dos meus pacientes voltou à China antiga e pôde visitar seu mentor, um velho sábio que o havia ensinado durante boa parte dessa vida anterior. Agora ele gosta de fazer regressões só para visitar o velho!

Característica nº 4:
O indivíduo se identifica com um personagem

A pessoa que se submete a uma regressão a vidas passadas se identifica com um dos indivíduos do drama que ali se desenrola. O sujeito conserva essa estranha sensação de ser aquela pessoa, a despeito das profundas diferenças de aparência física, circunstâncias da vida, ocupação, sexo ou uma porção de outros fatores.

Por exemplo, um dos estudantes declarou com aparente sinceridade e convicção que era um comerciante vivendo na Turquia há centenas de anos atrás.

Numa outra regressão, uma jovem dona de casa do sul descreveu a sua sensação de realmente ter sido um guerreiro africano num obscuro passado remoto.

> De repente me vi como um guerreiro negro vestido com nada mais que uma espécie de saia de capim para cobrir as partes íntimas! Minha pele, de um preto retinto, estava coberta de elaborados desenhos que ziguezagueavam por todo o meu corpo e me faziam parecer extremamente feroz.
>
> Agora percebo o objetivo da pintura de guerra. Pode parecer tolice, mas durante a regressão me vi olhando nos olhos desse homem que investia contra mim no conflito armado. Ele também usava uma pintura de guerra que ajudava a infundir terror no meu coração. O objetivo da pintura era aumentar o impacto emocional do combate corpo a corpo!

Essa identidade pode perdurar mesmo no período pós-hipnótico. O indivíduo pode retornar certo de que realmente foi aquela pessoa numa vida passada.

Característica nº 5:
Emoções de vidas passadas podem ser (re)vivenciadas durante a regressão

As pessoas costumam relatar que sentem as emoções de seu personagem na regressão. Assim, numa das minhas regressões pessoais, eu de fato senti um pouco do terrível pavor (felizmente não todo) de ver um leão saltando sobre mim nos últimos momentos da minha vida no Coliseu romano.

Esse ''reviver'' emocional também é bastante evidente para o hipnotizador que conduz a regressão. O paciente pode fazer uma expressão de raiva ao ''reviver'' um evento que o deixou furioso na regressão. Lágrimas podem fluir copiosamente quando uma pessoa, aparentemente ''de volta ao passado'', vive um episódio particularmente comovente ou triste. Toda a gama de sentimentos humanos, do amor terno à fúria, pode vir à tona durante uma profunda regressão a vidas passadas.

As emoções chegam a ser tão fortes que às vezes ajudam muito o hipnotizador a reafirmar ao paciente que este ''vivenciou'' a experiência há muito tempo, que não existe mais razão para temer ou ficar aflito.

Característica nº 6:
Os eventos de vidas passadas podem ser vistos sob duas perspectivas distintas: primeira e terceira pessoa

Uma pessoa que se submete a uma regressão a vidas passadas pode experimentar uma simultaneidade de perspectiva que lhe permite (re)visualizar os eventos na primeira pessoa (a perspectiva que temos no dia-a-dia) ou na terceira, em que o sujeito se torna um observador ''desencarnado'', vendo a ação de fora do corpo do personagem com o qual ele se identifica.

Por exemplo, uma jovem estudante descreveu uma cena de sua regressão em que acreditava ser um cocheiro no começo do século XIX, na Europa. Numa certa altura do drama, ela viu a ação do ponto de vista do próprio cocheiro. Sentiu estar no corpo dele, observando a estrada à sua frente, do alto da carruagem. Viu os cavalos indo para a frente e até sentiu o vento. Então aconteceu um acidente, a carruagem virou. De repente ela percebeu que observava a cena de cima, olhando para o corpo retorcido do cocheiro nos destroços lá embaixo.

Outro exemplo vem de um trecho da regressão de um paciente.

> Vi um homem caminhando ao longo de uma estrada com um traje parecido com aqueles que se usavam no Renascimento. Percebi que podia observar a ação de cima do homem, bem como de sua perspectiva. Eu era capaz de trocar de perspectiva à vontade, como uma estação de tevê troca de câmara para mudar os ângulos de visão.

Característica nº 7:
A experiência geralmente reflete questões atuais da vida da pessoa

Na maior parte das regressões a vidas passadas que orientei, os eventos e situações que se desdobram refletem os dilemas e conflitos que a pessoa está enfrentando em sua vida presente. Geralmente essas conexões são bastante óbvias.

Por exemplo, um paciente com o qual eu trabalhava estava envolvido num relacionamento tenso com uma mulher mais velha do que ele e dominadora, o que o tornava inseguro.

Ao ser hipnotizado, desdobrou-se uma vida passada em que ele tinha sido uma jovem escrava numa cidade do antigo Oriente Médio.

> Lembro-me de estar num palácio muito bonito, num lugar em que parecia haver vários cômodos onde entravam e saíam escravos que cuidavam de lindas mulheres do harém de amásias. Éramos mantidas como concubinas para alguém, um sultão talvez.
>
> Por um lado, aquele lugar era ótimo, pois tínhamos conforto, e todas as nossas necessidades materiais eram atendidas. Por outro lado, era o pior dos infernos, visto que não tínhamos nenhuma liberdade.

Essa regressão me intrigava, porque ele era uma mulher submissa. Por quê? Fiquei pensando. Depois de outras sessões terapêuticas, pude concluir que, para ele, todas as mulheres se encontravam sob alguma forma de submissão. E, uma vez que sua atual namorada o tinha subjugado, ele estava se sentindo como uma mulher.

A relação entre a experiência de vidas passadas e as circunstâncias da vida presente tornou-se bem clara.

Mas, embora a semelhança fosse evidente para um observador, podia não ser tão óbvia para o paciente. Isto não me causa surpresa. Nós, seres humanos, costumamos não enxergar nem mesmo os problemas mais penetrantes, relegando-os à mente inconsciente.

Para algumas pessoas não é preciso que as semelhanças entre essas vidas passadas e a atual sejam apontadas. Muitas despertam do transe hipnótico com a plena certeza de que a experiência de vidas passadas que acabaram de ver era muito semelhante aos problemas da vida atual.

Essa tendência de as lembranças de vidas passadas fazerem eco às circunstâncias atuais às vezes leva as pessoas a pensar se as suas dificuldades no presente não resultam de problemas não resolvidos de uma vida passada.

A semelhança entre a experiência de regressão e as questões atuais faz parte do fundamento lógico da terapia de vidas passadas. Mais adiante analisaremos este assunto, mas por enquanto é possível mostrar que o hipnotizador é capaz de usar as experiências de regressão como uma janela por onde vê os problemas atuais do indivíduo.

Característica nº 8:
As condições mentais podem realmente melhorar depois da regressão

A catarse é um processo psicológico em que sentimentos enclausurados são finalmente expressos, resultando numa enorme sensação de desprendimento e alívio. Freqüentemente esse processo permite que as pessoas cheguem a uma nova perspectiva num conflito desastrado, ou fazer uma mudança necessária num relacionamento exaustivo ou debilitante.

Catarses desse tipo costumam ocorrer durante uma regressão a vidas passadas, como no caso de um jovem que se fechava num amargo ressentimento em relação ao irmão mais novo, que atraía toda a atenção dos pais. Durante a regressão o jovem testemunhou uma vida anterior numa selva, aparentemente na América do Sul, como um velho membro de uma tribo nativa.

Naquela vida, havia uma mulher idosa que o paciente identificou como seu irmão na vida presente. A velha não se parecia com o seu irmão atual. Ele fez a ligação intuitivamente — "sentiu" que na regressão essa pessoa era o irmão.

No enredo dessa regressão, o velho (o paciente) era deformado e dependia inteiramente da velha (seu atual irmão) para sobreviver. Basicamente, ela tinha se sacrificado por ele.

O rapaz voltou da regressão com um novo sentimento de amor para com o irmão. Agora sentia que o equilíbrio estava sendo restabelecido. Numa vida passada, o irmão lhe carregara o fardo; agora era a sua vez de cuidar dele.

Como conseqüência dessa regressão, o jovem contou ao irmão sobre os seus sentimentos e o relacionamento deles alcançou um equilíbrio novo e mais gratificante.

Todos os meus pacientes tiveram algum momento na regressão em que cruzaram com um problema que os atormentava na vida atual. Podia não ser muito dramático em alguns casos, mas todos dizem: ''Desde aquela regressão compreendo melhor...''

Um dos pacientes que passou por uma catarse numa regressão é uma mulher que chamarei de Vicky. Seus pais se separaram quando ela tinha 2 anos, por isso ela nunca conheceu o pai. Embora o padrasto não impusesse uma disciplina severa, Vicky se ressentia com a sua autoridade. Por não haver laços de sangue entre os dois, ela achava que ele não tinha o direito de se manifestar com relação à maneira como deveria ser educada.

Suas atitudes para com o padrasto mudaram depois da regressão. Nessa experiência Vicky viu trocarem-se os papéis. Numa única regressão ela foi capaz de entender melhor o ponto de vista dele.

> Eu estava na costa da África do Norte, onde me vi como um homem. Havia sido confiada a mim a difícil tarefa de criar os filhos do meu irmão, que morrera deixando as crianças sem ter para onde ir. Eu era muito pobre e me esforçava muito para cuidar de todas elas...
>
> No fim dessa vida, me vi como um velho numa cabana de barro. Enquanto morria, as crianças estavam ao meu redor. O pensamento que me veio naquele momento foi o de que eu tinha estado tão ocupado em sustentá-las — e tal era o meu ressentimento — que não cheguei a conhecê-las como pessoas. Fiquei triste por não ter dado mais atenção a elas.

Ao voltar, uma semana depois dessa regressão, Vicky sentou e começou a falar carinhosamente do padrasto. ''Sabe, comecei realmente a olhar para ele de uma maneira diferente desde que tive aquela experiência.''

Pela regressão, ela pôde perceber que a raiva que tinha do pai verdadeiro fora erroneamente dirigida para o padrasto. Rememorando, Vicky estava certa de que ele havia "oferecido a outra face" para o seu ressentimento. Apesar de ter sido maldosa para com o padrasto, ele sempre fora bondoso e atencioso com ela.

A regressão de Vicky efetivamente serviu para investigar sua vida no lar. O que poderia ter levado várias sessões para ser descoberto por meio da terapia tradicional foi realizado numa única regressão hipnótica. Para Vicky o resultado foi um modo mais aceitável de considerar o seu padrasto.

Característica nº 9:
As regressões podem afetar as condições clínicas

Em raros momentos, os pacientes podem relatar uma espantosa melhora — e até mesmo tomar uma resolução espontânea — quanto a sintomas físicos que se seguem a uma regressão. Há um capítulo neste livro dedicado a esse fenômeno. Mas aqui analiso o exemplo de uma mulher que chamarei de Anne. Ela costumava ter fortes dores de cabeça. Embora não apresentasse nenhum problema orgânico, como tumores, e há muito tivesse parado de tomar bebidas que contivessem cafeína, ela não conseguia controlar esse insidioso problema sem uma grande dose diária de aspirina.

Anne me procurou porque queria fazer uma regressão hipnótica "só para ver o que há". Eu a conduzi a um transe hipnótico e verifiquei que ela estava passando por maus momentos no Egito antigo. Eis o que ela tinha a dizer depois da regressão:

> Eu vivia numa cidade egípcia que estava sendo atacada por invasores de um outro país. No transe pude vê-los precipitando-se sobre a cidade, prontos para saquear e pilhar.
>
> Estávamos todos aterrorizados. As pessoas ao meu redor corriam, enquanto os soldados nos perseguiam, golpeando e perfurando as pessoas com suas armas.
>
> Pude ver a mim mesma. Eu era uma jovem vestida de branco. Estava tentando desesperadamente fugir, mas pouco adiantava, já que os soldados se espalhavam por toda parte.
>
> De repente, fui apanhada por vários invasores. Um deles segurou o meu braço e outro me acertou a cabeça com uma clava. A dor era incrível. Eles me atingiram diversas vezes e depois me deixaram cair. Senti o cérebro inchando, ao mesmo tempo que, lentamente, morria.

A dor que ela descrevia era aparentemente insuportável. Deitada no divã, com os olhos fechados, a dor era evidente em seu rosto e na voz.

A análise dessa morte terrível se mostrou uma experiência catártica para Anne. Ela sentiu um grande alívio emocional ao examinar esses sentimentos e a emoção do momento. À medida que falávamos de sua regressão hipnótica, ficou claro que havia várias fontes de tensão e pânico na vida de Anne. Utilizando essa poderosa experiência de regressão, fomos capazes de investigar muitas emoções que antes ela mantivera represadas.

Desde então temos feito diversas regressões. Conseqüentemente, a intensidade de suas dores de cabeça diminuiu e a quantidade de medicamentos foi bastante reduzida.

Exemplos ocasionais dessa natureza constituem evidência das fortes ligações entre a mente e o corpo que estão sendo pesquisadas pelos que estudam a medicina psicossomática.

Característica nº 10:
As regressões se desenvolvem conforme os significados e não segundo uma seqüência histórica

Se um paciente regredisse a uma dezena de vidas passadas distintas no curso de aproximadamente um ano, estas provavelmente emergiriam numa série de vidas centralizadas num tema emocional ou de relacionamento, e não na seqüência cronológica em que teriam sido vividas.

Por exemplo, um paciente pode ter algumas experiências que tratam de sua atitude em relação a pessoas do sexo oposto, seguidas de uma série de duas ou três vidas que incluem várias maneiras de lidar com a agressão, seguidas ainda por um conjunto de vidas em que as questões de dependência em relação a outros parecem proeminentes.

O principal aspecto revelado nas vidas passadas de uma pessoa não parece ser aquele papel da pessoa na história, mas, em vez disso, o seu desenvolvimento psicológico e espiritual. No entanto, esse é um outro aspecto dessas experiências que torna possível a terapia de vidas passadas.

Característica nº 11:
Regressões a vidas passadas se tornam mais fáceis com a repetição

Falando de um modo geral, quanto mais a pessoa tenta, mais fácil se torna iniciar uma experiência dentro de vidas passadas.

A proficiência parece vir com a repetição. O paciente também se sente cada vez mais ''natural'' e à vontade com o estado de regressão.

Pode haver contratempos passageiros; a resistência a esse estado pode ressurgir devido a tensões da vida presente ou a outros fatores de perturbação, mas no geral o indivíduo terá cada vez mais facilidade de entrar no estado de regressão.

Característica nº 12:
A maior parte das vidas passadas é comum

Embora a crença popular diga que quase todos os que regrediram a uma vida passada alegam ter sido Napoleão ou Cleópatra, foram poucos os pacientes que se identificaram com uma figura histórica conhecida. A maior parte das vidas que se manifestam é típica do período da regressão.

Não é raro encontrar pessoas esperando que em suas vidas passadas tenham sido uma Joana D'Arc ou um general Longstreet. Geralmente elas ficam desapontadas quando se vêem como um escravo comum ou apenas um soldado de infantaria durante a Guerra Civil.

A mente prazenteira

As características são como as marcas de pneus deixadas por um carro numa estrada de terra: elas permitem concluir que um veículo esteve ali, mas não revelam que tipo de veículo era.

Em conseqüência da minha pesquisa, eu tinha a certeza de que deixara de ser cético, mas não sabia a respeito do quê. Isolar as características ou ''sintomas'' das RVPs significava que eu sabia o que esperar de um paciente submetido à regressão hipnótica. Mas eu não queria dizer que o que eles estavam percebendo tinha realmente acontecido.

A mente gosta de se deleitar e por esta razão é altamente sugestionável. Dada a oportunidade, ela preencherá lacunas facilmente. E quando é oferecido o tempo livre que o hipnotismo proporciona, no geral a mente se ocupa com fantasias criadas por ela mesma.

Algumas das primeiras pesquisas feitas com astronautas ilustram essa questão. Eles tinham os olhos vendados, eram enrolados em acolchoados e flutuavam em balões de borracha sobre uma piscina aquecida para simular a ausência de peso e o isolamento do espaço exterior. Em quase todas as ocasiões, a total falta de sensações fez com que ficassem confusos e desorientados. Freqüentemente, tinham "sonhos" turbulentos que pareciam surgir do nada, a não ser a necessidade do cérebro de se auto-estimular. Pesquisa semelhante realizada com pessoas no nível mais concreto tem apresentado resultados semelhantes.

Ceticismo à parte, a análise da regressão a vidas passadas sem dúvida oferece algumas novas e importantes oportunidades para o psicoterapeuta. Depois de conduzir quase cem regressões hipnóticas para a minha pesquisa, é óbvio para mim que esse método proporciona uma maneira rápida e inovadora de descobrir, ao menos parcialmente, o que está atormentando o paciente.

Em quase toda regressão hipnótica que conduzi, a memória de vidas passadas do paciente reflete um conflito na sua vida atual. Hipnotizando-o, sou capaz de chegar rapidamente à raiz do problema. Em vez de passar horas no "divã", ele pode encarar plenamente o seu problema logo no começo da terapia e despender mais tempo aprendendo a enfrentá-lo do que tentando localizá-lo.

Os que acreditam na reencarnação dizem que esse reflexo ocorre porque um conflito numa vida passada deve se repetir vida após vida até que seja resolvido. Talvez isso seja verdade. Quem pode negar? Mas eu acredito que as regressões a vidas passadas lidam com os conflitos mentais de uma maneira singular e eficiente, e o valor desse processo deve ser percebido mesmo por aqueles que não crêem em vidas passadas e em reencarnação.

É por isso que continuei a investigá-las.

II

Usos da Terapia de Vidas Passadas

3

O Poder de Cura das Vidas Passadas

Quando eu estava na escola de medicina, teria sido uma heresia sugerir que a mente pudesse curar uma doença física. Aos olhos da instituição médica, mente e corpo estavam tão separados quanto a Igreja e o Estado.

Nos dias atuais, é praticamente uma heresia sugerir que a mente não tenha nenhum controle sobre a doença física. Por exemplo, estudos feitos em Harvard mostram que quanto mais feliz é uma pessoa, mais forte está o seu sistema imunológico. Também se demonstrou que existe uma relação entre a doença cardíaca e as atitudes de uma pessoa, especialmente a tendência da ira a contrair os vasos sangüíneos e a coagular o sangue. E se chega a considerar que problemas respiratórios, como a asma, apresentam "gatilhos emocionais", o que significa que se manifestam como resposta a um evento emocional.

Agora os pesquisadores estão até procurando ligações entre a mente e o início do câncer.

Não causa surpresa, portanto, que os terapeutas de regressão estejam também testando os efeitos da regressão a vidas passadas numa variedade de moléstias.

Para descobrir em que esses especialistas estavam empregando os seus talentos, a falecida psicoterapeuta Helen Wambach fez um levantamento com 26 terapeutas de vidas passadas, que no total trataram de 18.463 pacientes. Seu estudo revelou que 24 dos 26 terapeutas faziam o trabalho de regressão relacionado com sintomas físicos. Desses especialistas 18 relataram que 63% de seus pacientes tinham apresentado melhora em pelo menos um sintoma físico depois da terapia dirigida a um mal específico. Desses pacientes que melhoraram, 60% alcançaram resultados positivos depois de reviver uma experiência de morte numa vida passada e 40% melhoraram após reviver outras experiências traumáticas não relacionadas com a morte.

Tenho visto com freqüência a terapia de vidas passadas ser utilizada com sucesso na cura de moléstias físicas ou mentais. A maioria das doenças tratadas com sucesso pela terapia de regressão faz parte das que se manifestam a partir de ''gatilhos emocionais'', doenças que reagem de uma maneira ou de outra a situações emocionais. São moléstias como a asma e outras disfunções respiratórias; doenças de pele, como as dermatites e as verrugas; úlceras; hipertensão; dores de cabeça e alguns distúrbios gastrointestinais.

Não sei exatamente por que as regressões a vidas passadas curam algumas doenças. Mas isso me faz lembrar de uma coisa que Albert Einstein disse há muitos anos: ''É possível que existam emanações ainda desconhecidas para nós. Lembram-se de como caçoaram das correntes elétricas e das 'ondas invisíveis'? O conhecimento sobre o homem ainda está na infância.''

Obviamente, o que Einstein disse é verdade. Cada um de nós possui uma grande parte do cérebro ainda não utilizada. As estimativas são de que usamos apenas 40% da nossa capacidade cerebral. Os 60% restantes têm uma função misteriosa. Para aumentar ainda mais o mistério, cada uma de nossas células contém milhares de genes, porém só conhecemos a finalidade de um número reduzido desses elementos que constituem a base de tudo o que sabemos sobre a humanidade.

Os poderes da mente

Há muitos exemplos na literatura psiquiátrica que mostram o poder da mente sobre o corpo. Mas talvez a minha ilustração favorita seja a daquelas pessoas que apresentam estigmas, o surgimento sobrenatural de feridas nas mãos e nos pés dos cristãos devotos. Essas feridas aparecem nos mesmos lugares em que foram provocadas em Cristo quando pregado na cruz. Em alguns casos, o sangramento brotou até no flanco da pessoa, exatamente no lugar onde a lança do soldado romano acutilou Jesus, e em volta da testa, onde a coroa de espinhos o perfurou.

Daqueles que exibiram os estigmas, talvez o exemplo mais intrigante seja o do Padre Pio, um monge capuchinho que viveu em Foggia, na Itália. Em 1918, quando rezava a missa, o Padre Pio entrou em transe e caiu. Os médicos que o atenderam encontraram feridas sangrentas em suas mãos, pés e no flanco.

A princípio, até o Vaticano mostrou-se cético quanto à afirmação do Padre Pio de que as feridas eram "um ato de Deus". Mas elas nunca foram curadas. Sangravam constantemente, às vezes ensopando vários panos por dia.

Finalmente, depois de anos de sangramento (e de observação, para certificar-se de que as feridas não eram causadas pelo próprio padre), o Vaticano reconheceu os estigmas do Padre Pio como de origem divina. Muitos pesquisadores clínicos acham que o caso do Padre Pio é simplesmente o resultado da realização de um desejo, ocorrido como conseqüência de auto-hipnose.

Embora se possa demonstrar que alguns exemplos de estigmas são fraudes, muitos só podem ser explicados como o resultado final do fervor religioso, fundamentalmente um caso de racionalização do desejo.

Trago à baila os estigmas para ilustrar os incríveis poderes da mente sobre as funções orgânicas normais.

Há outros exemplos de hipnose que provocam um profundo efeito nas reações físicas.

Por exemplo, sabe-se que hipnotizando profundamente alguns indivíduos e dizendo a eles que um objeto quente foi colocado sobre a sua pele, podem realmente aparecer bolhas como resultado da sugestão.

Há um caso bem conhecido na literatura médica em que uma criança foi hipnotizada e curada de ictiose, uma doença congênita que dá à pele uma aparência escura e escamosa.

Nesse caso, um médico hipnotizou a criança e lhe transmitiu a sugestão de que as lesões desapareciam. Foi o que aconteceu depois de alguns dias.

Esses e outros exemplos mostram que as emoções podem conduzir a mudanças físicas estarrecedoras.

Aos olhos da instituição médica, a relação entre a mente e o corpo se torna mais evidente a cada dia que passa. Mas isto significa que a terapia de regressão a vidas passadas está adiante de seu tempo ou que simplesmente é "incomum"?

Creio que, no que diz respeito a alguns casos, a terapia de regressão pode não ser tão "incomum" quanto parece.

A artrite como metáfora

Em *The Journal of Regression Therapy*, a terapeuta de família Dree Miller Dunlap, de Camarillo, Califórnia, conta como a terapia de regressão a aliviou da artrite nos ombros, cotovelos, pulsos e mãos.

Dunlap se submeteu a uma sessão de terapia de vidas passadas para descobrir especificamente por que tinha artrite. Eis o que encontrou:

> Quando ocorreu a regressão, me vi como um médico italiano do século XVI. Eu estava tratando de uma menina de uns 8 anos que havia quebrado o braço na altura do cotovelo. Torci violentamente o braço da criança. Osso raspou contra osso. A menina gritou, e eu sabia que lhe tinha causado dor deliberadamente.
>
> Senti-me confusa e humilhada. Não gostei de me ver como uma pessoa cruel. A confusão surgiu ao saber que eu, um bom médico que adorava crianças, agira de modo perverso. Este comportamento me deixou embaraçada. À medida que prosseguia a regressão, fiquei sabendo que eu era infeliz, pois me casara com uma mulher que não queria ter filhos e se recusava a construir uma família. Raiva e amargura preenchiam o nosso casamento. Eu infligia esses sentimentos a meus pacientes. Quando atingi a meia-idade, minha mulher morreu e foi como se um peso tivesse sido removido dos meus ombros. Agora era livre para viver a vida como quisesse. No entanto, nessa época eu estava com artrite. Minhas juntas comprometidas me impossibilitavam de continuar com a prática da medicina. Retirei-me para uma pequena cabana no interior, onde vivi sossegado, gastando a maior parte do tempo e das energias no meu jardim.

> Quando velho, era muito amigo de uma garotinha loira que morava na vizinhança. Ela vinha trabalhar comigo no jardim. Eu amava muito essa criança. Ela estava com 5 ou 6 anos quando chegou a minha hora de morrer. Eu estava deitado, e ela me trouxe um buquê de flores, depois me beijou na face. Ela parecia saber que eu estava morrendo e parecia aceitar a morte com naturalidade. Enquanto o meu espírito deixava o corpo, eu a vi sair correndo para buscar alguém. Quando revi e avaliei essa existência, ficou claro que eu havia utilizado mal as minhas habilidades de cura. Eu deixara que a amargura e a ira dominassem boa parte da minha vida. Não bastou ter reduzido muito daquela ira mais tarde — eu não tinha perdoado minha mulher; apenas me senti aliviado com a sua morte.

Uma segunda vida emergiu, em que era um monge num mosteiro.

> Durante essa mesma regressão, fui conduzida a uma outra existência relacionada com a artrite. Desta vez eu era um monge que levava uma vida austera num mosteiro. Novamente estava trabalhando num jardim. Costumava me queixar da falta de dedicação dos meus companheiros. Eu os castigava abertamente por não terem mais respeito por Deus. Esta crítica parecia predominar em toda essa vida. Cheguei à velhice amargurado e isolado. Por trás, os jovens monges riam de mim. Quanto mais eu me queixava, menos eles procuravam esconder seu desdém. Minha amargura se aprofundou ainda mais, e comecei a me queixar a Deus das impropriedades que via nos outros. Passei sozinho, na minha cela, os últimos anos de vida. Meu corpo estava atormentado pelas dores. A fria umidade do lugar aumentava a minha aflição. Morri só, sentindo dores, sem provocar uma lágrima em ninguém.

O que significavam essas vidas passadas no tocante ao alívio das artrites de Dree? As regressões lhe revelaram que a ira, a amargura, a falta de tolerância, a incapacidade de perdoar e a violação da profissão são causas de sua vida atual. Por exemplo, ela reconhece sua esposa na primeira regressão como sendo seu ex-marido na vida atual. Foi também esse ex-marido que não quis ter filhos depois que eles se casaram.

"Gostaria de poder dizer que fui magicamente transformada, instantaneamente curada, e me senti feliz daquele dia em diante. Mas ficaria faltando o ponto principal dessa experiência." Ela escreveu, em seu resumo:

> Minha artrite não sarou totalmente. Parece que é desencadeada subitamente quando permito que a ira, a impaciência, a amargura ou a incapacidade de perdoar penetrem em minha vida. Quando a dor chega, serve como um lembrete. Se eu parar e ouvir a mensagem que ela traz, a dor logo desaparece.
>
> Eu realmente vivi como médico na Itália do século XVI? Fui mesmo um monge que viveu uma vida dolorosa e amarga num mosteiro? Não sei. O que sei é que essas histórias contribuíram substancialmente para o modo como vejo e vivo a minha vida agora e para o que acredito com relação a mim mesma e aos outros... Tento passar por esta vida em paz, com amor, procurando ser paciente, compassiva e humilde, aprendendo a me perdoar, quando não consigo atingir esses padrões.

Parece-me que há uma forte ligação entre o estado emocional de Dree e seus acessos de artrite.

Asma sufocante

Na minha prática, tive duas pacientes que foram curadas de enfermidades físicas pela regressão a vidas passadas.

A primeira, uma mulher na casa dos 30 — vamos chamá-la de Mary —, tinha sido perseguida pela asma desde garotinha. Isto havia se tornado um problema tão grave para ela que começou a interferir nas ocupações do dia-a-dia. Mary se submeteu a um tratamento médico convencional, mas os inaladores que lhe deram somente serviram para fornecer um alívio temporário.

Por curiosidade — e acho que como último recurso — ela veio para a terapia de vidas passadas.

Primeiro falamos sobre sua vida. Ela estava feliz com seu casamento com um professor de inglês e, pela sua própria avaliação, tinha poucas tensões. Era uma dona de casa feliz no papel de administrar o lar e cuidar da filha de 4 anos.

Os ataques de asma surgiam mesmo diante da menor tensão. Por exemplo, na noite anterior à nossa primeira sessão, Mary teve um ataque enquanto preparava o jantar! A simples tensão de fazer algo, por mais indefinido que fosse o prazo, havia ativado um acesso.

Eu a deixei à vontade no divã e a hipnotizei. Ela se viu no final do século XIX em Londres, vivendo como uma dona de casa numa daquelas casas geminadas, comuns nessa cidade.

Alegre, ela narrou suas atividades: fazer compras, cozinhar, cuidar da casa, costurar... Tudo parecia bem trivial.

Então avançamos até o último momento de sua vida. Ela se viu caminhando pelas ruas de Londres, num dia nevoento, depois de comprar um vestido. Fazia frio, e estava tão agasalhada que a única coisa que aparecia era uma pequena parte do seu rosto, para que pudesse ver aonde estava indo.

''Talvez não estivesse muito atenta'', disse ela. Quando chegou em casa, remexeu na bolsa procurando as chaves, sem prestar atenção a coisa alguma ao seu redor. Ao abrir a porta, um homem que tinha estado de pé atrás dela, na calçada, empurrou-a para dentro e fechou a porta.

Ela lutou para escapar, respirando rapidamente e se debatendo no divã à minha frente, enquanto descrevia a batalha. A luta foi inútil. Logo ele estava em cima dela e subitamente seu rosto foi coberto com um travesseiro. Estava sendo sufocada.

Na regressão, ela deixou o corpo e pôde olhar para baixo e descrever a cena da morte. Depois que o homem finalmente a matou, pôs-se a revistar a casa, revirando gavetas e procurando dinheiro no meio de pilhas de roupas. Nada tendo encontrado, ele a chutou e saiu correndo.

Nesse estado fora do corpo, ela começou a descrever sentimentos de perda. Estava triste por ter sido despojada de sua vida, especialmente sendo tão jovem e de uma forma tão trágica. Também se sentia inconsolável por ter perdido toda uma vida futura com o seu jovem marido.

Aquela sessão a aliviou da asma. Mary acha que essa experiência realmente representou uma vida passada. Como ela disse depois da regressão: ''O que mais poderia ser? E de onde poderia ter vindo?'' Ela acredita que se isso aconteceu numa vida passada, não deve realmente afetar a sua vida atual.

Agora, quando sente a iminência de um acesso de asma, lembra da origem desse mal. ''Recordo que esse homem me matou numa vida anterior, mas ele realmente não deve influenciar minha vida atual.''

O resultado para Mary foi a diminuição acentuada dos ataques de asma e uma grande redução na quantidade de remédios a tomar.

Um caso de hipertensão

Anne, a paciente a que me referi anteriormente, durante muitos anos tinha sido uma vítima da pressão alta. Tomava remédios para hipertensão e observava com cuidado a dieta, mas sem muito sucesso. Qualquer que fosse o regime adotado, no fim sua pressão aumentava. Ela se queixava muito disso, mas nenhum de nós imaginava que pudesse haver uma ligação com vidas passadas.

Então, um dia, Anne me pediu que fizesse uma regressão só para ''ver o que havia lá atrás''. Não estávamos procurando uma ligação com a sua hipertensão. Se tivesse de descrever o que estávamos fazendo, chamaria isso simplesmente de regressão recreativa.

O que aconteceu foi espantoso.

Conforme descrevi anteriormente, Anne se viu numa pequena cidade do Egito. Ela entrou nessa existência provavelmente naquele que era o último dia da sua vida. A cidade estava cercada por hordas de um agressor inominado. A maior parte dos guerreiros que defendia esse lugar estava morta e agora o pânico tomava conta da atmosfera, enquanto as forças invasoras se preparavam para a matança.

Depois da sessão, ela descreveu o que viu:

> Foi horrível. Pude ver as pessoas correndo ao redor pelas ruas, enquanto os soldados nos perseguiam, golpeando e atacando a população com suas armas.
>
> Os invasores eram bastante seletivos quanto a quem deveriam matar primeiro. Com os punhos eles atingiam as mulheres para tirá-las do caminho, mantendo-as vivas, porém. Eram os homens que eles queriam sacrificar primeiro. Os inimigos os feriam várias vezes com suas lanças, derramando seu sangue por todas as ruas. Depois, passavam por cima dos corpos e iam à procura

> de outros. Era evidente que em breve restariam apenas as mulheres.
>
> Eu era jovem e senti um grande desejo de fugir. Porém, seria inútil. Todos os caminhos estavam bloqueados. Eu me vi correndo com outras mulheres, mas na verdade não havia para onde correr. Andamos sem rumo pelas ruas. Em toda parte parecia haver um grupo de soldados estrangeiros.
>
> Finalmente, eles se aproximaram das mulheres. Uma por uma, fomos separadas à força pelos soldados. Fui uma das primeiras a ser levada. Um soldado enfezado me puxou na sua direção e quando resisti ele simplesmente enfiou uma faca no meu estômago e me deixou cair.
>
> Isto é tudo de que me lembro.

A pressão que ela descreveu era evidentemente esmagadora. Deitada no divã com os olhos fechados, o medo estava patente no seu rosto e na sua voz. Ela parecia extremamente frustrada à medida que descrevia suas infrutíferas tentativas de fugir desse inimigo mortal.

Em seguida, analisamos os eventos da regressão. Tinham sido muito realistas, disse Anne. Ela os descreveu como sendo "mais do que um sonho", como se tudo tivesse acontecido apenas alguns dias atrás.

Anne sentiu um grande alívio ao falar sobre esses sentimentos de pânico. Estava claro que o desafogo de emoções ocorrido ao "reviver" essa experiência foi um conforto.

Nas sessoes subseqüentes, conversamos sobre a origem do pânico em sua vida como ponto de partida para analisar as fontes de tensão na existência atual. Logo, como resultado da catarse provocada pela regressão, Anne começou a falar livremente sobre o relacionamento com o seu patrão, que lhe causava medo e ansiedade, por nunca ser feliz no trabalho. Ela também se preocupava secretamente com a relação conjugal. Embora não houvesse problemas específicos no seu casamento, ela estava temerosa de que a união que havia entre eles estivesse se desintegrando.

Desde então temos feito várias regressões, seguidas de sessões de terapia. Sua pressão sangüínea se manteve sob controle e a quantidade ingerida de remédios para hipertensão diminuiu consideravelmente.

Geralmente, quando as regressões se relacionam com alguma moléstia, esta tende a ser psicossomática. Seria possível que a experiência de Anne fosse apenas uma metáfora inconsciente para a sua tendência de entrar em pânico e agir tensamente diante da mais leve provocação? Ou esses eventos que parecem ter saído do nada realmente aconteceram, tornando-se sensível a qualquer tipo de tensão? Não conheço as respostas para essas perguntas.

Sei que agora, quando sente perder o controle de sua vida, Anne é capaz de usar essa experiência como um símbolo do aumento da sua pressão. Em certo sentido, é só uma outra linguagem para essa doença. Ela consegue relacionar suas sensações de perda de controle com a regressão a uma vida passada, lembrando-se de como era ser perseguida por invasores no Egito. "Todas as outras experiências perdem a importância quando comparadas ao medo que senti quando aquilo aconteceu." A regressão a uma vida passada serviu para acalmá-la, dando-lhe um ponto de referência emocional. Seja qual for o problema, ela sabe que não pode ser pior do que a experiência da regressão.

Gotejamento pós-nasal

Uma curiosa solução para um problema médico comum foi apresentada por George Schwimmer em *The Journal of Regression Therapy*. Um de seus alunos de hipnose lhe disse que a origem de seu gotejamento pós-nasal poderia estar numa vida passada. Talvez, sugeriu o estudante, fosse causado por um "choro interno" devido a uma perda profundamente sentida numa outra vida.

Para testar a teoria, Schwimmer foi submetido à regressão por Bill Clema, um especialista em terapia de vidas passadas. Eis aqui os resultados, conforme a narrativa do paciente:

> Bill me levou para uma vida passada através de uma série de visualizações, e quando lá cheguei, ele me perguntou em que superfície eu estava.
>
> Fiquei totalmente confuso com a pergunta. Eu não via nada nesse momento, mas senti que estava sobre uma superfície bastante peculiar, que cedeu quando a pisei, embora não fosse lama. De repente, tive a impressão de estar num grande tonel de ma-

deira, mas descartei essa idéia. É ridículo, pensei. Bill disse: "Bem, acho que você está em cima de uvas num tonel." Era exatamente o que eu tinha visto e me recusara a lhe dizer.

Eu era um fabricante de vinhos numa vinícola, tinha uns 23 anos, usava ceroulas arregaçadas até os joelhos, e estava de pé em cima de um tonel, em algum lugar da Espanha do século XVII. Eu ria e brincava com os outros no recinto, enquanto amassava as uvas com os pés. Bill fez várias perguntas sobre como era a vida ali e se eu tinha namorada. "Tenho, sim", disse com ternura, "ela é tão bonita". Eu a amava muito e sentia que era correspondido com um amor terno e leal. Subitamente, a tela interior da mente escureceu e senti puro terror. O tempo parou completamente: eu estava num vazio total.

"Qual o problema?", perguntou Bill. Eu não conseguia responder — não queria ver, falar ou reconhecer o que tinha visto. Ele repetiu a pergunta, mas a garganta e a língua se recusaram a funcionar. Finalmente, fiz um esforço para responder, embora nada pudesse ver na minha tela interior.

"Ela está morrendo", eu disse, me sentindo emocionalmente morto por dentro.

"O que aconteceu?", perguntou Bill delicadamente.

Respondi que tinha havido um acidente. Um cavalo que puxava uma carroça disparou e a atropelou. O cavalo e a carroça haviam passado sobre o seu corpo e ela estava morrendo por causa de ferimentos internos. Nesse momento, minha visão interior voltou e eu me vi ajoelhado ao lado de seu leito, arruinado. A cabeça dela repousava à minha esquerda e seu catre estava encostado contra a parede diante de mim. Atrás dela, uma janela revelava um céu límpido. Eu me sentia vazio enquanto a observava respirando com dificuldade, a vida lhe escapando do corpo.

"Você está chorando?", indagou Bill.

"Não", respondi.

"Por que não?"

"Homem não chora."

Eu estava sentindo um grande pesar; quando Bill disse que eu podia chorar, comecei a soluçar. Meu corpo foi sacudido pela angústia, e pude sentir a aflição se intensificando como ondas de energia que se avolumavam no meu corpo, subindo pelo tronco e saindo pela garganta. Todo o corpo estremeceu de espasmos e soluços durante vários minutos. O gênio da dor tinha se libertado da garrafa do autocontrole em que eu o mantivera durante centenas de anos.

Schwimmer tivera realmente a experiência de uma vida passada? Ele não sabe. Sabe, entretanto, que a dor era real e que o alívio emocional foi terapêutico. Seu gotejamento pós-nasal se tornou uma coisa do passado.

A influência da mente sobre o corpo

A noção de doença causada pela mente é nova. Mesmo a palavra "psicossomático" ("relativo a, envolvendo ou que se ocupa de sintomas orgânicos causados por distúrbio mental ou emocional", segundo o *Webster's Ninth New Collegiate Dictionary*) é relativamente nova em nossa língua. A própria idéia de que a mente pudesse criar condições patológicas no corpo foi recebida com irrisão pela classe médica.

A pesquisa mudou esse conceito. Agora a comunidade médica prontamente admite não entender muita coisa sobre a relação mente/corpo. Ela agora reconhece uma porção de fenômenos fascinantes — alguns podem ser reproduzidos num laboratório e outros não.

Esses fenômenos estão entre os mais enigmáticos com os quais nós, os médicos, temos de lidar.

Um deles é o estigma, que aliás já analisamos. Trata-se de um fenômeno em que pessoas de forte crença religiosa apresentam repentinas erupções de feridas nos mesmos pontos em que foram provocadas em Cristo durante a crucificação. Elas sangram nas palmas das mãos e nos pés, no flanco ou na testa.

Como isso acontece, realmente não se sabe. Mas o fato está bem documentado na literatura médica.

Um caso recente e impressionante dessa natureza aconteceu na Califórnia, em 1974. Uma menina negra, que não era católica, começou espontaneamente a sangrar nas mãos e nos pés depois de ler um texto muito comovente sobre a crucificação de Cristo.

O que significam os estigmas? A mente é capaz de induzir ou de criar feridas no corpo? Não sabemos com certeza, mas a evidência casuística nos mostra que a relação mente/corpo é muito mais complexa do que imaginávamos.

Outro fenômeno bastante enigmático é o da "morte por bruxaria", no qual se mata uma pessoa lançando-lhe um feitiço.

Não faz sentido que alguém possa matar uma outra pessoa com o simples desejo de fazê-lo. No entanto, mais uma vez, há muitos casos dessa natureza na literatura médica, em que pessoas têm sido vítimas de bruxarias, vindo a morrer num curto espaço de tempo.

Um desses casos, publicado na literatura médica há alguns anos, foi o de um homem de meia-idade que sempre fora dominado pela mãe. Ela arruinara dois casamentos do filho, proclamando constantemente que desaprovava as esposas. Então ele se casou pela terceira vez com uma mulher à qual a mãe não fez objeção, e teve um matrimônio bem-sucedido.

Os problemas começaram quando ele decidiu vender a sua parte do negócio que há muitos anos vinha administrando com a mãe, para se aposentar com a nova esposa. A mãe não aceitou a idéia e o ameaçou dizendo que, se ele vendesse, ''haveria terríveis conseqüências''. Pouco depois dessa declaração, o filho ficou muito doente.

Nos seis meses seguintes, ele entrava e saía do hospital com problemas físicos para os quais os médicos não encontravam nenhuma causa orgânica. Eles notaram, porém, que do hospital ele ia para casa bastante animado e bem-disposto, voltando logo em seguida, depois de passar algum tempo com a mãe.

No último dia de vida, o paciente visitou o seu médico, que mais tarde declarou que ele estava contente e se sentindo ótimo. Mais ou menos às 6 horas da tarde ele conversou com a mãe pelo telefone. Depois de meia hora, estava morto.

Ao fazer uma reconstituição da conversa telefônica, o médico descobriu que a mãe havia declarado: ''Não importa o que os médicos lhe digam, se você vender o negócio haverá terríveis conseqüências físicas.'' Neste caso, as terríveis conseqüências foram a morte.

No nível científico mais reprodutível, sabemos que a mente pode influenciar sutilmente os processos químicos do nosso corpo.

Um estudo recente conduzido pelo dr. Lee Berk, da Universidade de Loma Linda, mostrou que na verdade uma risada de contentamento aumenta comprovadamente a resposta imunológica do organismo.

O que isso tudo significa? Penso que são provas da influência das emoções em nosso bem-estar físico — e também mental. Em muitos casos, descobri que as regressões a vidas passadas vão diretamente ao âmago da emoção. Isso não devia ser nenhuma surpresa. Nem deveria surpreender o fato de as pessoas melhorarem suas condições físicas depois de passarem por experiências bem-sucedidas de regressão. Afinal, não é raro pacientes regulares de psicoterapia superarem doenças físicas depois de uma prolongada terapia.

Com as regressões, os problemas mentais causadores de enfermidades geralmente são atingidos mais rapidamente.

Doença: uma visão reencarnacionista

Terapeutas de regressão que acreditam na reencarnação assumem uma visão metafísica da doença. Eles acreditam que podemos escolher nossas doenças como uma lição, mais ou menos como escolhemos realizar coisas desagradáveis nesta vida, pois elas farão de nós indivíduos melhores ou mais saudáveis.

Na opinião desses terapeutas, chegamos a esta vida de um outro nível de realidade. Dessa outra perspectiva, sabemos que sobrevivemos à morte física. Cientes disso, podemos decidir ter uma doença só para ver como é essa experiência.

Mesmo na vida presente, passamos por muitas experiências dolorosas. Um exemplo disso é o ato da confissão na Igreja católica. As pessoas podem saber que essa é uma experiência dolorosa enquanto a vivenciam, mas sabem também que seu estado mental estará melhor depois que tiverem acabado. O mesmo acontece com a cirurgia. Nós nos submetemos a ela não porque seja agradável, mas porque sabemos que nos sentiremos melhor quando terminar.

A doença é um estado alterado de consciência. Cada uma implica uma alteração específica no estado de consciência de uma pessoa.

Sei que isto é verdade por causa de uma doença que tive. Durante muitos anos, sofri de um grave hipotireoidismo. Nesse período, o mundo parecia pesado, frio, espesso e lento. Enfrentar o dia-a-dia parecia exigir de mim um esforço monumental. No entanto, eu não percebia isso plenamente até que comecei a me tratar com pastilhas para tireóide. Então, de repente, num belo dia, tudo se tornou radiante e cálido.

Somente depois da recuperação é que fui capaz de olhar para trás e ver que minha percepção do mundo fora alterada por essa doença.

A doença pode moldar toda a nossa percepção da realidade. Até uma coisa simples como uma dor de garganta altera o modo como enxergamos o mundo. Na próxima vez que sentir uma dor incômoda, repare que ela avulta no seu ambiente.

Todos nós procuramos estados alterados de consciência, mesmo nesta vida. O êxtase religioso é um exemplo. As pessoas percorrem distâncias enormes para alterar seu estado de consciência. E aqueles que tomam drogas geralmente o fazem com esse mesmo propósito.

Um terapeuta de regressão que acredita na reencarnação descreveu a vida desta maneira. "É como estar esperando numa fila para andar numa montanha-russa." Dizem que quando uma pessoa está numa fila para comprar ingresso para esse passeio, alguma coisa dentro dela sabe que, quando estiver de cabeça para baixo, a 140 quilômetros por hora, não vai querer estar lá. No entanto, ela vai em frente e compra o ingresso, pois a emoção é inevitável.

A vida é a mesma coisa, dizem os reencarnacionistas. O fato de que vamos ter certas doenças ou sofrer desastres é secundário em relação ao fato de que vamos aprender muito sobre nós mesmos num nível espiritual, à medida que voltamos repetidas vezes à jornada da vida.

Um estudo sobre o tratamento de fobias

O tratamento bem-sucedido de enfermidades tradicionalmente físicas por meio da regressão a vidas passadas coloca essas doenças no domínio de moléstias mentalmente tratáveis, como acontece com a fobia.

As fobias constituem um medo exagerado, geralmente inexplicável e ilógico, de um objeto ou classe de objetos em particular. As regressões a vidas passadas têm sido bem-sucedidas ao tratar das fobias, pois servem para trazê-las à tona, explicando-as em um nível consciente.

Num estudo conduzido por Johannes M. Cladder, da Holanda, que se ocupou com o tratamento de 25 portadores de fobias obsessivas (pacientes que haviam se submetido à terapia e que, em alguns casos, foram hospitalizados), 20 deles se livraram de suas fobias com a terapia de regressão a vidas passadas. Aqueles que já tinham sido hospitalizados precisaram de uma média de 15 sessões para a melhora, enquanto que os pacientes não hospitalizados mostraram uma melhora significativa depois de 10 sessões.

A extinção do medo de Sabrina

Este exemplo me veio de um terapeuta da costa Oeste e trata do medo de uma mulher ao fogo.

Vamos chamá-la de Sabrina. O medo que tinha do fogo era tão forte que ela não conseguia acender um fósforo sem ficar histérica. Ela não podia sentar perto de uma lareira e se deleitar com o seu calor, nem entrar num restaurante onde houvesse velas acesas, sem sentir o ardor da fobia. Era até difícil para ela falar sobre fogo durante a terapia sem ficar extremamente transtornada.

O incidente que acabou trazendo Sabrina para a terapia de vidas passadas aconteceu numa aula de história americana. Numa discussão sobre a antiga religião americana, o professor abordou o tema referente aos julgamentos das bruxas de Salem. Este foi um período de histeria coletiva na América, durante o qual várias mulheres foram torturadas e algumas até queimadas na fogueira, acusadas de bruxaria.

Sabrina começou a respirar aceleradamente, quando veio à tona o assunto sobre as bruxas. Tentou se controlar, mas estava tão abalada que finalmente teve de deixar a sala de aula.

Ela procurou o terapeuta de regressão para ver se havia algo numa vida anterior que pudesse estar causando essa reação.

O terapeuta a hipnotizou, levando-a para o último dia de sua vida anterior:

Pude me ver numa claridade assustadora. Eu era uma menina — provavelmente de uns 14 anos — que estava amarrada a uma estaca, num lugar que sabia ser a França.

À minha volta, uma multidão festejava e gritava. Tive a impressão de que haviam feito esse tipo de coisa muitas vezes antes por diversão.

Eu estava horrorizada. Sabia que não era possível escapar das cordas que me atavam, mas mesmo assim lutava com todas as minhas forças.

Eu tinha consciência do motivo pelo qual estava sendo queimada. Inadvertidamente, havia abortado meu bebê ao tomar um remédio que me fora dado por uma mulher acusada de bruxaria. Não me acusavam de ser uma bruxa, mas de ter tomado o remédio daquela mulher, e por isso os juízes da cidade decidiram que eu estava associada ao demônio.

Eu não queria perder aquele bebê. Eu disse a eles que só havia tomado o remédio porque estava doente.

Eles não acreditaram em mim, e aqui estou, prestes a ser queimada por algo que eu não pretendia fazer.

Pude me ver completamente aterrorizada, enquanto eles punham fogo à lenha empilhada ao meu redor. Eu gritava, mas estava sufocada. Sentia o calor subindo pelas pernas e a pele crepitando.

Minha morte não foi rápida. O fogo se elevava e queimava as roupas. O cabelo pegou fogo e a fumaça queimava-me os pulmões como um ácido quente.

Somente depois de toda essa dor é que acabei morrendo.

Embora não parecesse, a regressão de Sabrina fora um alívio. Agora ela sabia por que tinha esses terríveis acessos de medo toda vez que se encontrava na presença do fogo.

Os pesadelos histéricos que costumavam atormentá-la desapareceram. Embora não procure o fogo, ela também não se esconde dele. Sabrina agora pode relaxar num restaurante à luz de velas. Sabe-se até que ela se sentou com amigos em volta de uma fogueira.

Medo de homens

Ter medo de homens não é uma experiência incomum. Freqüentemente as mulheres se afastam do sexo oposto depois de relacionamentos indecorosos ou por outros problemas que não querem enfrentar numa nova relação.

Contudo, às vezes surge uma paciente como Maria. Ela tinha medo dos homens, mas quando lhe perguntavam por que, não sabia dar um bom motivo. Simplesmente, sempre teve medo deles. A psicoterapia convencional não conseguiu chegar à raiz do problema, e Maria resolveu procurar um terapeuta de regressões a vidas passadas.

O terapeuta percebeu que Maria era fisicamente atraente. Ela não era lésbica e na verdade sentia atração por muitos homens. No entanto, ela achava que mal podia conversar com um homem sem sentir grande aflição. Maria já havia tentado sair na companhia de um homem uma ou duas vezes, mas achava que um relacionamento normal com o sexo oposto era quase impossível.

Basicamente, sua queixa era a de que não confiava nos homens. Não se devia acreditar nem mesmo nos que pareciam bons, dizia ela. Maria desejava desesperadamente superar essa desconfiança absurda, dispondo-se inclusive a submeter-se a uma terapia de vidas passadas, coisa em que desacreditava.

No curso de várias sessões, o terapeuta a conduziu por várias existências. Em todas ela havia sido maltratada pelos homens. Finalmente, ela se viu, na vida atual, com uma interessante revelação. Começarei com a sua primeira experiência.

Regressão nº 1:
A justiça do agreste

Encontrava-me no velho oeste, numa cidade onde eu não era particularmente popular. Eu administrava um rancho, o que a maioria das pessoas considerava ser trabalho de homem. Além do mais, era um pouco grosseira, mais do que deveria ter sido. Eu era irritadiça e estava sempre pronta para responder agressivamente a quem quer que falasse comigo.

Lembro-me de um dia vir para a cidade e notar que as pessoas nas calçadas olhavam para mim e sussurravam baixinho umas para as outras.

Ignorei-as e continuei cavalgando. Então percebi que vários homens estavam selando os cavalos e me seguindo. Ouvi alguém dizer: "Foi ela quem roubou aquele cavalo!" Fiquei sabendo então que estava sendo perseguida por um crime que não havia cometido.

Em vez de parar e me defender, resolvi correr. Essa decisão foi um erro, pois eles pensaram que eu realmente tinha roubado o cavalo.

Eles me apanharam perto de um rio e perguntaram onde eu havia escondido o cavalo. Em lugar de simplesmente dizer que eu não o roubara, eu os xinguei com arrogância, dizendo que eram idiotas demais para pegar a pessoa certa.

Aquilo foi o meu fim. Eles me levaram para o rio e me afogaram.

Regressão n.º 2:
A decapitação

Eu era uma simples balconista de loja numa cidade da Europa medieval. Vendíamos roupas finas e fazíamos bons negócios com os funcionários da administração municipal.

Um desses homens simpatizava comigo. Era uma espécie de funcionário de segundo escalão — talvez trabalhasse para a igreja. Ele começou a ficar sexualmente interessado em mim. Numa certa tarde perguntou se eu gostaria de ir à casa dele. Eu disse não, mas o homem continuou insistindo. Quando fui mais enérgica, ele ficou bravo. Falou que eu me arrependeria por tê-lo rejeitado, e depois foi embora.

Logo eu me arrependi. Fui levada por soldados e submetida a julgamento, se é que se podia chamar assim. Ele me acusou de ser uma bruxa e não me foi permitido testemunhar em minha defesa.

Fui condenada pelo crime de bruxaria, cuja sentença consistia em ser decapitada em praça pública. Esta é a última coisa de que me lembro dessa vida.

Regressão n.º 3:
A estrada do tabaco

Lembro-me pouco dessa vida e acho que fico contente com isso. Eu vivia numa choupana na floresta com muitos filhos e um marido cruel.

Éramos gente branca e pobre. Todas as crianças andavam imundas e usavam roupas rasgadas que obviamente eram passadas de uma para outra.

Meu marido era uma pessoa terrível. Ele se dizia agricultor, mas pouca coisa fazia nesse sentido. Passava a maior parte do tempo bebendo e jogando cartas com outros "agricultores".

Um dia, ele simplesmente foi embora. Partiu e nos abandonou à própria sorte. Lembro-me da depressão que foi tomar conta de oito ou nove crianças. Eu sabia que logo estaríamos à beira da fome.

Regressão nº 4:
A vida atual

Na sessão final de regressão, Maria se viu não numa vida passada, mas na infância da sua vida atual.

> Eu me vi como uma criança, não numa vida passada, mas na minha infância atual.
>
> Olhei ao redor e percebi que estava na festa do meu terceiro aniversário. Em volta de mim, estavam meus amiguinhos. Usávamos chapéus, tomávamos sorvete com colher e nos comportávamos como as crianças nessa idade se comportam.
>
> Notei que minha mãe não estava feliz. De fato, ela estava muito zangada com meu pai. Ele estava bêbado e resmungava seu descontentamento por ter em casa todas aquelas crianças.
>
> Finalmente, minha mãe explodiu! Começou a gritar com meu pai, dizendo que estava cansada de vê-lo bêbado a toda hora, enquanto ela tentava manter a família unida.
>
> A princípio, ele ficou chocado e envergonhado. Mas logo ficou bravo, pois era óbvio que estava sendo humilhado na frente de todos os vizinhos. Ele se pôs a gritar com mamãe e a xingá-la. Então ele correu até a gaveta da cozinha e pegou um facão!
>
> Meu pai deu algumas pancadas em minha mãe, mas foi agarrado por trás por alguns vizinhos, antes que pudesse causar qualquer dano físico.
>
> Acho que a festa acabou pouco depois desses incidentes. Não me lembro de muito mais coisas sobre isso, exceto que chorei por muito tempo, pois tinha medo de que papai matasse mamãe.

Essa experiência da vida atual de Maria estava tão enterrada quanto os traumas das vidas passadas. No nível consciente, ela se lembrava tão pouco disso quanto de ter sido afogada por uma turba. Porém, foi o resultado dessa regressão final que realmente esclareceu as coisas para Maria. Ela foi capaz de se lembrar de muitos traumas de infância e enfrentar a triste constatação de que seu relacionamento com o pai tinha sido edificado com base no medo, e não no amor.

Apesar de ainda ter problemas no relacionamento com os homens, ao menos agora ela é capaz de lidar com eles na rotina diária.

Segundo o terapeuta que me contou esta história, Maria ainda está descobrindo seu passado misterioso por meio da terapia de vidas passadas.

Medo do fracasso

Um outro terapeuta me contou a história de Ângela, uma mulher incapaz de concluir uma tarefa por medo do fracasso. Tão logo iniciava a maior parte de seus projetos, achava que não conseguiria terminá-los. Desde o simples ato de escrever uma carta, reformar a casa ou procurar um novo emprego, não existia praticamente coisa alguma que pudesse concluir.

Ela vivia constantemente com medo de que as pessoas a criticassem. Ultimamente seus problemas se aguçaram ainda mais. No trabalho como aeromoça, por exemplo, Ângela ficava ansiosa com o simples fato de oferecer bebidas às pessoas depois da decolagem. Pelo fato de seus problemas estarem começando a interferir no seu desempenho profissional, ela resolveu tentar a terapia de vidas passadas.

Ângela é uma loirinha com uma postura que poderíamos descrever como "empertigada". Sua vida atual contrastava fortemente com aquela que apareceu na regressão:

> Imediatamente me senti muito forte e masculino. Olhei para mim e percebi que vestia uma pesada armadura. Eu estava segurando uma espada, exercitando diversas investidas e golpes com essa arma, enquanto um treinador me dizia o que fazer para melhorar minha técnica.
>
> Encontrava-me numa arena de terra, exercitando-me para matar pessoas. Eu era um gladiador romano.
>
> Pelo modo como me tratavam, era óbvio que eu era um gladiador muito especial. Por exemplo, os outros guerreiros menos importantes eram todos treinados em grupos. Eu tinha o meu pró-

prio instrutor. Numa outra cena, fui levado para uma mesa de jantar especial, bem longe dos gladiadores comuns e onde era servida uma comida melhor.

Numa cena posterior, pude me observar sendo conduzido pelas ruas de uma cidade. As pessoas se postavam ao longo do percurso só para ter um vislumbre, ainda que rápido, da minha figura. Percebi que eu era um grande herói esportista e que significava muito para elas conseguir me ver. Eu me sentia orgulhoso com isso.

Fui então levado para o último dia dessa existência. Pude me ver da perspectiva de uma terceira pessoa, como se estivesse assistindo à televisão. Estava deitado numa arena de terra cercada por uma multidão aos gritos. Meu flanco apresentava uma ferida aberta que sangrava muito. De pé ao meu lado havia um gladiador que finalmente tinha me sobrepujado. Sua espada estava erguida e ele perguntava à multidão se eu deveria viver ou morrer!

Para mim, a constatação mais horrível foi a de que eles queriam que eu fosse morto! Percebi então que eu só era amado pelo entretenimento que podia proporcionar ao público. Minha vida não significava nada para eles. Eles tinham se voltado contra mim e agora estimulavam minha morte como se eu fosse um reles e insignificante gladiador!

Ao analisar sua regressão, Ângela disse que percebeu essa condição como um momento de total e completa humilhação. Enquanto agonizava ali na arena, ela jurou nunca mais se colocar numa situação pública em que pudesse ser humilhada.

Ângela concluiu, portanto, que temia o público por causa dessa vida passada como gladiador. Toda vez que o enfrentava ou mesmo pensava nele, esse medo arraigado da humilhação ressurgia e ela se recolhia em si mesma.

A terapeuta que a tratou disse que Ângela teve uma das recuperações mais rápidas que já testemunhara. Depois de apenas cinco sessões de terapia, ela se tornou uma outra pessoa. Iniciou novos projetos na companhia aérea e até aceitou uma oferta para fazer uma demonstração de ioga na televisão.

Não se sentia mais como se algo a estivesse refreando. O mundo começou a abrir-lhe as portas.

O que me fascinou nesse caso foi que os problemas de Ângela com relação ao medo do fracasso estavam nesta vida, porém a terapia tradicional nunca teria descoberto que se originavam numa vida passada (ou pelo menos percebido algo semelhante). Para ela, a regressão foi como colocar uma sonda no inconsciente para descobrir o que havia ali. Sem a terapia, Ângela teria se engalfinhado com esse problema anos a fio, sem talvez nunca dominá-lo.

Símbolos por símbolos

Como as fobias são aparentemente aliviadas por essas histórias? Creio que por serem elas mesmas doenças simbólicas. Geralmente o objeto da fobia representa apenas uma condição neurótica. O objeto da fobia em si mesmo não deve ser tomado literalmente.

A partir dessa perspectiva, não causa surpresa que essas histórias se derivem daquilo que é essencialmente uma condição simbólica. As histórias sobre conflitos, relacionamentos e assim por diante poderiam simplesmente ser uma reordenação desses problemas simbólicos, dando às pessoas uma nova e profunda compreensão de seus conflitos psicológicos.

Assim, o fato de alguém ter medo de aparecer em público — isto que chamamos de agorafobia — poderia ser encarado pelos terapeutas freudianos como o medo real de uma atividade sexual desenfreada. Ou, ainda, o medo de altura remontaria a uma falta de confiança entre, digamos, mãe e filho.

A regressão a vidas passadas permite que esses símbolos se expressem de uma forma teatral. De certo modo, é a representação, pela mente, de um papel, um meio eficiente de enfrentar esses grandes problemas.

Um remédio mágico contra a depressão

Talvez o uso mais eficiente da terapia de vidas passadas esteja no tratamento da depressão. Ninguém sabe com certeza por que isso acontece; no entanto, estou disposto a formular uma hipótese com base em pesquisas realizadas no campo das experiências de quase-morte.

Experiências de quase-morte (EQM) são eventos espirituais que ocorrem com muitas pessoas que estão à beira da morte.

Um indivíduo que teve um ataque cardíaco, por exemplo, pode visualizar os esforços envidados para a sua recuperação, de um ponto de vista exterior ao próprio corpo. Ele pode então ter a sensação de estar sendo sugado através de um túnel que conduz a uma paisagem celestial com pessoas radiantemente luminosas. Por vezes, uma pessoa que passa pela EQM pode ver um ser de luz (geralmente descrito como Deus ou Alá) que a leva a recapitular sua vida.

A princípio supunha-se que ler a respeito de uma experiência de quase-morte, ou passar por uma, aumentaria a probabilidade de a pessoa depressiva — por exemplo, alguém que tivesse tentado o suicídio — ficar ainda mais deprimida. O raciocínio era o de que a evidência de vida após a morte incitaria a pessoa a dar fim a esta vida, de modo que pudesse começar outra, possivelmente melhor.

Com o objetivo de testar essa teoria, um pesquisador reuniu um grupo de pessoas que haviam tentado o suicídio e pediu que lessem relatos das suas EQMs, enquanto um outro grupo de igual tamanho foi tratado de maneira usual. A taxa de suicídio, em vez de aumentar, *reduziu-se* com a leitura de relatos das EQMs.

Por quê? Os pesquisadores concluíram que o conhecimento de uma existência no além aumentava as esperanças da pessoa. Em lugar de desejar o fim da própria vida, o paciente se sentia esperançoso, e não desesperado, com a evidência de uma outra vida.

Penso que uma regressão bem-sucedida a vidas passadas tem o mesmo efeito sobre uma pessoa seriamente deprimida que as experiências de quase-morte.

Tenho verificado que pacientes deprimidos que se submeteram a uma terapia de vidas passadas se tornam mais positivos e otimistas em relação à vida. Como disse um deles: "A idéia de ter vivido anteriormente e de provavelmente viver de novo significa que posso me acalmar um pouco nesta vida, que talvez não deva levar as coisas tão a sério."

Muitos pacientes deprimidos encontram algumas das causas de suas depressões numa vida passada. As explicações para isso variam, dependendo da corrente de pensamento seguida pelo terapeuta.

Alguns acham que, para começar, realmente não existem vidas passadas. O que o paciente vê em sua regressão na verdade são experiências da vida presente, engendradas em torno do problema.

Assim, por exemplo, uma pessoa que está deprimida por causa de um divórcio toma esse relacionamento frustrado, combina-o com imagens de livros que leu na infância e apresenta uma "regressão a uma vida passada" em que a esposa é uma escrava dominada pelo dono da fazenda.

Um terapeuta de regressão que acredita em vidas passadas poderia dizer que o casamento terminou em divórcio porque o relacionamento tinha sido ruim numa vida anterior. Ele provavelmente diria que essa má relação poderia se repetir vida após vida até que o casal finalmente a colocasse em ordem.

E assim por diante, não só para divórcios mas também para outros problemas mentais e fontes de depressão. Qual explicação é a verdadeira? A questão realmente não pode ser respondida. Mas a resposta não é tão importante quanto os resultados.

A luta contra a depressão — o método reencarnacionista

A terapeuta de vidas passadas Diane Seaman, de Atlanta, acredita na reencarnação e acha que problemas como depressão podem ser transferidos para a vida posterior de uma pessoa por meio da "memória celular". Só depois de devidamente enfrentados, esses problemas são removidos do psiquismo de uma pessoa nesta vida e nas subseqüentes. Como exemplo, Seaman se refere a um paciente que havia tentado vários meses de psicoterapia tradicional para livrar-se de uma grave depressão. No curso dessa terapia ortodoxa, ele começou a sentir que tinha vivido antes. Sonhos muito nítidos mostravam o seu envolvimento em combates, dentro de trincheiras, na I Guerra Mundial.

Apesar de não acreditar em terapia de vidas passadas ou em reencarnação, ele estava interessado na origem desses sonhos e em descobrir por que estavam acontecendo. Um amigo lhe indicou Diane Seaman, e ele, relutantemente, concordou em tentar a regressão hipnótica.

Embora fosse bastante enfático em afirmar sua descrença na reencarnação, Seaman verificou que ele estava desesperado e disposto a tentar qualquer coisa para descobrir a origem de sua depressão. Como disse a terapeuta: ''Ele estava maduro para o tratamento. Se alguém vem até você bastante incomodado, é sinal de que está pronto para lidar com os problemas.''

Na regressão, o paciente se viu em pleno combate na I Guerra Mundial. Ele era um soldado de infantaria no fronte, na maior parte das vezes localizado pela artilharia e por fogo de metralhadoras.

Essa experiência o fez mergulhar na depressão por causa da existência da guerra e do medo constante da sua extinção pessoal.

Enquanto o paciente falava sobre o medo que estava sentindo, Seaman disse que ele respirava forte e suava em profusão. Ao mesmo tempo que descrevia a morte daqueles que estavam ao seu redor, o medo, a dor e a angústia contorciam o seu rosto.

> Foi horrível. Para onde quer que virássemos, víamos a morte. Mesmo quando estávamos nas trincheiras, os projéteis da artilharia caíam do céu direto na nossa cabeça.

"Foi uma das sessões mais carregadas emocionalmente que eu já vi", afirmou Seaman, que mais tarde a descreveu para mim. "Pela minha experiência como terapeuta, eu diria que não há como uma pessoa criar esse tipo de emoção. Os sentimentos e os detalhes eram autênticos e suas emoções simplesmente fluíam."

Diane Seaman julga que seu paciente nunca havia lidado com o trauma da I Guerra Mundial quando lá esteve. Agora, nesta vida, ela o estava ajudando a aliviar a aflição que ele havia acumulado durante suas existências anteriores.

Se eu concordo com isso? Não sei. Há poucas provas científicas a favor da reencarnação, se é que há alguma. Mas isto significa que não existe? Certamente que não. Afinal de contas, foram os cientistas que por tantos anos negaram as experiências de quase-morte, até que as provas se tornaram tão avassaladoras que sua existência não pôde ser refutada.

Mas, falando como psicoterapeuta, pouco importa se essas experiências com regressões a vidas passadas representam existências reais ou não. O que interessa é que estão sendo reconhecidas como instrumentos eficientes para a psicoterapia.

4

A Convergência de Vidas Passadas com o Presente

Raramente encontro uma experiência de vida passada que de algum modo não se relacione com um problema da vida atual do paciente.

Acho que a maioria dos terapeutas de regressão concorda com essa descoberta. A divisão real entre terapeutas de regressão e seus colegas mais tradicionais começa com os terapeutas de regressão que acreditam na reencarnação e pensam que nascemos juntos repetidas vezes até resolvermos os nossos problemas.

Por exemplo, um casal estava tendo problemas na vida conjugal. A esposa dizia que o marido era sexualmente rude e prepotente. Quanto mais ela o fazia ver essa rudeza, pior ele ficava. A constante necessidade de sexo por parte do marido, dizia ela, os estava separando.

A história dele era bem diferente. Segundo o marido, ela costumava gostar de relações freqüentes. Durante anos houve um forte apelo sexual, a que ela correspondia de bom grado.

Recentemente, as coisas haviam mudado. Ela se tornara malhumorada e difícil, recusando qualquer tipo de investida.

A terapia convencional não tinha dado certo e agora queriam tentar a terapia de vidas passadas para ver se chegavam à raiz do problema.

O terapeuta fez a regressão de ambos simultaneamente. O resultado foi uma história de amor verdadeiro que não deu certo. Ambos se viram juntos numa vida anterior. Ela era criada de um castelo medieval na Irlanda e ele, um cavaleiro.

Para ela, foi amor à primeira vista. Entregou-se generosamente e com freqüência ao cavaleiro. Para ele, o caso foi um pouco diferente. Ele se interessava por ela apenas pelo prazer que lhe proporcionava. Ele a enganou até que um dia terminou com tudo. Então planejou passá-la para um colega seu.

Ela percebeu a situação numa ocasião horrível.

> Uma noite, entrei furtivamente no seu quarto, depois de um dia de espera angustiante. Mas em vez de encontrá-lo, dei de cara com um de seus amigos. Tentei sair, mas ele me agarrou e começou a arrancar a minha roupa. Lutei contra ele, mas ele era muito mais forte do que eu.
>
> "Não se preocupe", disse ele. "Seu cavaleiro me contou o que você faz. Posso ser tão divertido quanto ele."

Qual foi a interpretação do terapeuta depois dessa surpreendente sessão? Sua opinião era a de que eles tinham nascido mais uma vez juntos para poderem resolver esse problema numa nova vida.

O terapeuta disse que eles precisavam discutir com freqüência os resultados dessa regressão, com uma aproximação sexual cuidadosa e carinhosa, de modo que não repetissem as ofensas da vida passada.

Essa aproximação deu certo. Porém, tive a oportunidade de falar posteriormente com o casal e saí com uma conclusão diferente da do terapeuta.

Inquiri o casal sobre sua vida atual durante a época de suas dificuldades. A esposa admitiu que eles sempre haviam tido uma vida sexual ativa e desinibida. Ela sempre apreciou isso.

Mas um problema que nenhum deles discutiu com o terapeuta foi o desejo do marido de "trocar de parceiros" com um outro casal. Quando o marido expressou-lhe esse desejo, ela ficou arrasada. O relacionamento imediatamente mudou. A mulher deixou de se interessar por sexo ou qualquer tipo de intimidade e o marido ficou zangado, pois os desejos da mulher haviam se retraído.

Eles não tinham sido capazes de discutir o problema com ninguém até então. Por quê? Porque os resultados da regressão parecia tê-los esclarecido o suficiente. Eles acreditavam que tinham vivido uma vida passada na Irlanda medieval? Nenhum dos dois estava certo disso. É possível, disseram eles. Afinal, a experiência da regressão parecia suficientemente clara para ser uma lembrança de vida real. E o que é mais importante, havia proporcionado um ponto de partida para discutirem seus problemas atuais.

A linguagem do inconsciente

Essas regressões são realmente lembranças de vidas passadas? Não sei. Mais adiante, apresentarei várias explicações possíveis para a existência das assim chamadas vidas passadas. Mas, como um médico que tem lidado com os mistérios da mente, devo dizer que não posso refutar nem sustentar as regressões como provas de reencarnação.

Alguns psicólogos e psiquiatras acreditam que a mente cria dramas que ajudam a enfrentar diferentes situações. Prefiro chamar esse processo de linguagem do inconsciente. É uma linguagem em que os problemas são tratados metaforicamente, antes que de forma direta. Para criar essas metáforas, a mente recorre a todos os seus recursos disponíveis — lembranças que se pensava há muito perdidas, imagens de livros e de televisão, trechos de conversas e até incidentes devaneados e "esquecidos" já faz muito tempo.

Quando é preciso enfrentar dilemas, a mente inconsciente cria dramas com o material disponível. Sob o efeito da hipnose, estes se tornam lembranças tão reais quanto o almoço de ontem.

Por exemplo, vítimas de abusos na infância freqüentemente esquecem suas experiências no nível da consciência, até que se tornam adultos sexualmente ativos. Então, a dor desses traumas infantis sobe borbulhando até a superfície, afetando o desempenho sexual, mas nunca efetivamente emergindo do subconsciente. Esses problemas só são lembrados quando algum tipo de terapia os remove.

A experiência de uma imigrante

Descobri este caso durante a regressão de uma mulher que chamarei de Linda. Quando levada para uma vida anterior, ela se viu numa família italiana, na virada do século, em Nova York. Na regressão, Linda descobriu que sua mãe era tão reprimida e temerosa do pai que mais parecia uma criada. Ela cozinhava e fazia o serviço de casa, mas não tinha controle sobre a criação dos filhos.

O pai era um terrível tirano. Operário, chegava em casa exausto e mal-humorado quase todas as noites. Ele tratava bem os filhos e os deixava viver desregradamente. Desprezava Linda, que considerava uma espécie de vagabunda, por ela querer trabalhar como secretária, e não como dona de casa.

Na regressão, ela está voltando a pé para casa, à noite, depois do trabalho, quando tem a horrível sensação de estar sendo seguida por um grupo de homens. Enquanto descrevia esse evento sob hipnose, exibia expressões de terror.

> De repente percebi que os homens que haviam passado por mim no último quarteirão agora estavam me seguindo. Acelerei o passo, e eles também. Logo eu estava correndo rua abaixo. As ruas eram escuras e pensei que pudesse despistá-los me escondendo num beco ainda mais escuro. Eu estava enganada.
>
> Eles me seguiram até o beco e me violentaram. Um por um, todos os cinco. Depois me deixaram lá, chorando e exausta.
>
> Recompus-me o melhor que pude e fui para casa. Logo que entrei, era óbvio que alguma coisa havia acontecido comigo. Meu cabelo estava desalinhado, o rosto machucado e vermelho, e eu chorava.
>
> Sentei-me numa cadeira e juntei os pedaços da roupa rasgada, tentando me cobrir. Enquanto chorava, minha mãe saiu do quarto e fingiu estar trabalhando na cozinha. Ela não disse uma palavra durante todo o tempo em que estive lá sentada. Simplesmente ficou na cozinha.
>
> Meu pai foi quem falou. Disse que eu merecia isso, já que insistia em trabalhar fora de casa como uma "prostituta vulgar". Disse ainda que não denunciaria os homens que me haviam violentado, pois na sua opinião o que eles haviam feito estava certo.

Por causa do horror dessa regressão, me interessei em saber qual a ligação que havia com a sua vida atual, se é que havia alguma. Iniciei uma típica sessão de terapia em que lhe fiz perguntas detalhadas sobre a vida em família e sobre a infância. Comecei com as perguntas biográficas usuais sobre data e lugar de nascimento, e depois passei a focalizar intensamente seu relacionamento com a mãe e o pai.

Logo encontrei muitas ligações entre a sua regressão e a vida atual.

Seus avós haviam emigrado da Itália para Nova York logo no começo do século. O avô era um homem dominador do ''velho mundo''. Gostava de se gabar de que na sua família as mulheres eram sempre mulheres e os homens sempre viris.

À medida que penetrávamos mais fundo, surgia uma triste e sombria verdade. Linda havia sido violada sexualmente pelo pai. Durante toda a infância, o pai a acariciou e cometeu vários atos sexuais com ela. Linda ficava assustada e com freqüência implorava a ele que não repetisse esses atos. Mas ele não tomava conhecimento das queixas da filha, insistindo em que tinha o direito de fazer todas aquelas coisas. E a mãe nem uma única vez tentou impedir o marido, embora soubesse o que ele estava fazendo.

A regressão de Linda era uma combinação dos fatores acima — a linguagem do inconsciente — ou sua vida realmente estava se repetindo até que se acertasse? Não sei.

Sei, porém, que essa experiência de regressão ajudou Linda a descobrir eventos da infância que ela precisava pôr a nu antes de poder viver uma vida normal.

Permitam-me apresentar mais alguns casos que mostram como as regressões a vidas passadas podem ser uma metáfora para os problemas da vida atual de uma pessoa.

A experiência de Leslie com o fogo

Leslie estava passando por um período de grandes dificuldades na vida. Em meio a um confuso divórcio, o marido maldosamente brigava com ela por causa do acordo em relação aos bens do casal. Além disso, Leslie discutia constantemente com os filhos adolescentes que não queriam a separação dos pais.

Em conseqüência desses sofrimentos, ela exibia uma aparência irritada e triste, raramente suavizada por um sorriso.

Leslie veio até mim para ver se a regressão a vidas passadas podia ajudá-la a entender melhor os problemas de sua vida. O resultado da regressão foi um profundo mergulho no que parecia ser os primórdios da humanidade.

> Eu me vi no alvorecer da civilização, no meio de uma grande floresta. De repente estava entre um grupo de pessoas que dançavam e cantavam. Era noite, e como objeto dessa dança e desse canto havia uma enorme fogueira. Subitamente ficou claro para mim que estávamos adorando o fogo.
>
> Pude sentir o calor das chamas e o suor na minha roupa, enquanto dançávamos freneticamente. Depois de algum tempo, percebi que estávamos dançando ao ritmo das chamas, e não de modo aleatório.
>
> A luz do fogo nos obcecava tanto que parecia haver pouca coisa além disso. Nós comíamos e coletávamos alimentos, mas ficávamos silenciosos a maior parte do tempo. Só depois de iniciado o ritual do fogo, realmente nos sentíamos vivos.
>
> No fim da minha vida, veio-me à mente uma imagem terrível. Podia vê-la do alto, acima de onde vivíamos. Nossa tribo foi apanhada pelos inimigos no local em que vivia, uma depressão geográfica. Vínhamos lutando contra esse povo já há muito tempo e finalmente fomos surpreendidos nesse vale oculto onde agora estávamos. Em vez de combater com porretes e ossos, eles preferiram queimar a floresta à nossa volta! O fogo desceu pelo vale e, como num inferno, envolveu toda a nossa tribo. Na última cena, pude ver esse fogo se precipitando em minha direção, senti seu calor e tive medo. Então aquela vida terminou.

Depois disso, Leslie e eu analisamos os resultados de sua impressionante e surpreendente regressão. Decidimos que, do ponto de vista psicológico, o fogo representava três coisas. A primeira e mais óbvia era a raiva que tinha do marido e dos filhos. Ela sentia essa incômoda irritação com respeito às pessoas que a cercavam.

Também representava abandono. Leslie achava que tinha sido abandonada pelas pessoas das quais ela sempre cuidou. Em toda a sua vida de casada, tinha sido a administradora e protetora, ouvindo as queixas do marido sobre o emprego, organizando atividades de escotismo para os filhos, fazendo todas aquelas coisas que lhe haviam conferido o título de "superesposa". Ela nunca tinha sido o tipo de pessoa que aproveitava a vida e fazia as coisas para si mesma.

Agora que ela mais precisava da ajuda daqueles que amava, descobriu que estes não se dispunham a dar algo de si. Em vez disso, estavam tornando a sua vida infeliz, insistindo em que continuasse na função que sempre ocupara.

Finalmente, decidimos que o fogo representava a busca espiritual. Uma vez que estava claro para Leslie o fato de não mais poder desempenhar o papel de supermãe, agora precisava se empenhar numa busca espiritual para descobrir que papel deveria desempenhar.

Ela realmente viveu essa vida primordial? Mais uma vez, não sei. A experiência de regressão foi bem nítida. Leslie tinha certeza de que dançara em volta de uma fogueira em algum momento de sua existência. Desde aquela sessão, ela já se submeteu a outras regressões e tem sido capaz de repetir a experiência ainda mais detalhadamente.

Mas, na minha opinião, a força real nessa regressão foi o seu efeito catártico sobre Leslie. A experiência lhe ofereceu uma metáfora que explica todos os seus problemas e lhe possibilitou falar mais livremente sobre os problemas que a atormentavam na vida, aqui e agora.

A liberdade de Kerry

Kerry é tão apegada à mãe que as duas parecem praticamente uma só pessoa. Ela está beirando os 30 anos, mora com a família e nunca se casou.

A vida de Kerry é cheia de responsabilidades. Durante o dia ela é uma avaliadora de seguros, um trabalho que, segundo ela, exige muito da pessoa. Quatro noites por semana ela freqüenta a faculdade de Direito. Qualquer tempo extra é consumido pelo estudo e "deveres de família".

Esses deveres de família exigem muito de Kerry. Ela gostaria de ter um pouco mais de tempo para si, a fim de que pudesse "viver uma vida normal", ou seja, sair com os amigos e namorar. No entanto, sua mãe praticamente exige que não faça nada sem ela. "Toda vez que tento fazer alguma coisa fora da estrutura familiar, minha mãe me faz sentir culpada", diz Kerry.

Kerry gosta de ser uma pessoa responsável e atenciosa para com as necessidades da mãe. Mas gostaria de viver sua própria vida. Ela prontamente admite que está preparada para se divertir e viver novas experiências. "A vida é curta, e minha mãe a está tornando mais curta ainda ao me negar mais liberdade", lamenta.

Sua regressão levou-a para uma das vidas mais livres que posso imaginar, a de um marinheiro. Notem o seu anseio por liberdade nesta regressão e também como ela se sente em relação à família.

No fim, falarei sobre um detalhe que descobri como resultado desta regressão.

Eis a regressão de Kerry:

> Eu era um homem, um marinheiro que olhava para o mar azul-turquesa, enquanto o navio entrava no porto. Sabia que não me interessava pelo carregamento, e sim por estar no mar. Quando todos os demais se sentiam obviamente contentes por chegarem à terra, eu ansiava pela próxima viagem e por novas aventuras.
>
> Ao desembarcar, pude mudar de perspectiva e me ver melhor. Eu era um homem pequeno e musculoso, de cabelo encaracolado e com uma aparência muito séria. Estava subindo um morro, numa zona de classe baixa.
>
> Enquanto subia, era capaz de perceber exatamente o que pensava nessa vida. Pensava no meu pai e no fato de ele sempre estar no mar, como eu estou agora. Lembrava-me dele com muita afeição e sentia um vazio profundo dentro de mim com a idéia de nunca mais vê-lo novamente.
>
> Caminhando morro acima, em direção à minha casa, havia muita atividade ao redor. Pessoas gritavam, vendiam coisas e contavam histórias em voz alta e de forma apaixonada. Eu não participava dessa alegria. Simplesmente caminhava circunspecto.
>
> Minha esposa e meus filhos estavam lá, mas eu particularmente não me sentia contente em vê-los. Fiquei impressionado com a atitude impessoal em relação aos meus filhos. Cumprimentei-os, mas não beijei nem abracei nenhum deles. Também não lhes trouxe presentes, mesmo depois de ficar semanas no mar e

de ter visitado muitos portos. Era óbvio que a verdadeira ligação que eu tinha na vida era com o mar.

Assim, minha casa era apenas um lugar onde eu ficava quando o navio aportava. Ali eu tinha o sexo e alguma companhia, mas de modo geral não gostava de minha esposa nem dos filhos. Eu me sentia vivo mesmo era num navio, com os meus companheiros. Lá eu era uma pessoa alegre, vibrante. Em casa, meu comportamento era impessoal.

Via isso como uma defesa contra o afeto. Do mesmo modo que meu pai antes de mim, eu queria perambular pelo mundo.

Na cena seguinte, eu me vi imediatamente de volta ao navio. Embora fosse apenas um navio de carga, tinha um belo mobiliário. Havia gravuras e pinturas em todos os tabiques. Era muito limpo e bem cuidado. Essa gente do mar obviamente ama as suas embarcações.

Não fui capaz de vivenciar nenhuma viagem durante a regressão. Tudo o que eu tinha era a lembrança desses navios no mar como os sentimentos mais livres que se pode experimentar. Mas não consegui me lembrar de nenhuma experiência específica em outros países.

Pude me ver mais tarde nessa vida. Eu estava sentado numa cadeira, contando histórias do mar. Tinha sofrido algum tipo de ferimento, pois minhas pernas estavam bem estropiadas, o que me impedia de fazer outra coisa que não ficar sentado. Não sei o que havia acontecido. Acho que caí num porão de navio ou a carga caiu em cima de mim.

Tudo o que sei é que o resto da minha vida consistiu em contar histórias do mar.

Como já sabemos, Kerry vivia incomodamente junto da mãe. Depois dessa regressão, passou a se ressentir cada vez mais com sua mãe e, às vezes, quase não conseguia dirigir-lhe a palavra.

Assim como o marinheiro na regressão, Kerry não estava mais contente em ver sua família. Na melhor das hipóteses, ficava indiferente; na pior, mostrava-se hostil. Por outro lado, ela é uma pessoa menos reprimida na companhia dos amigos e colegas do que na presença da mãe. Quando lhe perguntei o que o mar poderia significar para ela nesta vida, Kerry disse que provavelmente representava se libertar dos grilhões de uma mãe superpossessiva.

Eu estava curioso em saber por que ela se identificou com um homem nessa regressão. Quando comecei a lhe perguntar sobre isso, ela revelou algumas novas informações que se tornaram muito reveladoras no tocante aos seus sentimentos de hostilidade e repressão.

Seu pai havia deixado a família quando ela era muito jovem. Pelo que se lembrava, ele oferecera muito pouco à família em termos de afeto. Não parecia se importar muito com a esposa ou com os três filhos. Dava a impressão de que o lar era apenas o local onde fazia suas refeições, pendurava o chapéu, e mais nada. De resto, sua presença mal era notada pela família.

Por necessidade de afeto e identidade, Kerry se tornou muito íntima da mãe, até ficar dependente dela.

Kerry achava que a saída do pai não lhe havia causado nenhum impacto. Mas agora percebia que, ao nível subconsciente, ela se identificava muito com ele. Em seu desejo de se libertar da mãe, Kerry acreditava que inconscientemente ela se tornara o seu pai.

Essa constatação ajudou-a na terapia a longo prazo. Ela viu sua regressão em termos metafóricos — a linguagem do inconsciente. Embora ela não acredite que realmente tenha tido uma existência anterior, admite que os fatos na sua vida foram recombinados numa história coerente. Por intermédio dessa metáfora, ela entendeu seus sentimentos de fusão com a mãe.

Donna e o duelo da egotista

Aos 60 anos, Donna sente uma forte necessidade de escapar dos filhos. Ela os quer fora de casa para poder viver a vida de uma "mulher livre".

Porém, ela é incapaz de criar coragem para simplesmente lhes dizer que saiam. Isto faz com que se sinta incapaz de lidar com as próprias necessidades.

Para compensar esses sentimentos de incapacidade, Donna se tornou arrogante com os colegas de trabalho. Ela acha que discute sobre quase tudo, como se o seu ego estivesse em perigo a cada instante. Os amigos se tornaram menos amistosos devido à sua arrogância, e isto a preocupa.

Ela veio até mim com a esperança de que uma regressão a vidas passadas esclarecesse o porquê desse seu ego descontrolado.

Eis o que Donna descobriu:

Eu me vi na Holanda ou na Alemanha, aproximadamente no século XV. Era um menino e tinha tudo o que queria da minha família aristocrática.

A primeira coisa que notei é que eu estava num berço, vestido com um roupão gracioso. Percebi que, mesmo naquela tenra idade, meus pais tentavam me controlar. Estavam debruçados sobre o berço procurando me convencer a não chorar.

Então avancei rapidamente pela minha vida. Visitei a escola e pude ver que freqüentei os melhores colégios.

Aos 16 ou 17 anos, a regressão ficou mais lenta. Meu pai tinha morrido. Apesar de ter sido um grande choque para minha mãe, eu mesmo não tive nenhuma reação em particular. Eu era como ele: só me preocupava comigo mesmo. Minha mãe ficou quieta e aflita com a reação por mim demonstrada. Mais uma vez, ela tentou exercer controle sobre mim, persuadindo-me a me tornar um sujeito mais calado e generoso.

Nessa altura, era tarde demais. Eu já me comportava como o meu pai e não me interessava nem um pouco mudar.

O restante desta vida me mostrou a atitude de um comerciante muito enérgico. Só me importava com o que as pessoas pensavam quando estavam olhando para as mercadorias que tinha à venda. Então eu me interessava muito.

Vejo que não tinha esposa nem filhos nessa regressão. Minha única amiga era a minha conta bancária. Pude ver nitidamente uma outra cena. Havia uma discussão sobre uma carruagem que eu vendera a um homem. Enquanto eu jantava com um grupo de colegas de negócios, ele entrou impetuosamente e me acusou de lhe ter vendido uma carruagem de má qualidade. Naquela época nós a chamaríamos de "abacaxi".

Uma vez desacatado em frente dos meus colegas, desafiei esse homem para um duelo.

Por um lado, eu precisava lutar, pois ele tinha insultado o meu ego. Mas, por outro, aquilo me deixava apavorado, já que, para mim, não fazia nenhuma diferença ele achar que eu era um vigarista. Eu estava sendo totalmente dominado pelo meu ego.

Na cena final, nós nos encontramos num espaço aberto com nossas armas. Ficamos de costas um para o outro e depois demos vários passos em sentido oposto. Então nos viramos e disparamos.

Lembro-me nitidamente de ter visto um jato de fumaça saindo da arma do outro homem e depois ser atingido na testa por uma dor ofuscante. Parecia que eu estava morrendo muito rapidamente. Recordo-me de todos os espectadores se juntando ao meu redor, sem na verdade saber o que fazer. Então fechei os olhos e aos poucos fui me desligando da vida.

Nesse momento, meus pensamentos foram bem interessantes. Embora estivesse perdendo contato com o mundo à minha volta, alguns pensamentos finais permaneceram com muita clareza: Pouco importa como você morre. Todos têm de morrer. O que importa é não se fixar tanto na honra. Esse código de honra é artificial e não tem nada que ver com a alma.

É interessante notar que a regressão de Donna tratou tão incisivamente de questões como arrogância e ego. Para ela, foi uma experiência forte. Apesar de não ter certeza se aquilo realmente representava um evento de uma vida passada, estava certa de que era uma mensagem do seu subconsciente sobre os problemas do ego que a atormentavam.

Que benefício a regressão trouxe para Donna? Fez com que ela visse que há poucas situações de "tudo ou nada". Também a ajudou a lidar com os problemas de uma maneira menos agressiva.

O temido ídolo de Ted

Ted vem de uma família numerosa na qual a avó desempenhava um papel dominante. Antes da regressão, ele disse que havia uma relação estável entre todos os membros da família. Os pais estavam contentes por terem a avó morando com eles, todas as crianças se davam bem com os mais velhos, e assim por diante.

Mas a regressão de Ted deixou a impressão oposta. Há elementos simbólicos nessa experiência que mostram que ele encarava a vida de uma perspectiva diferente.

Quando a regressão terminou, falamos sobre os resultados. As impressões de Ted sobre a família mudaram consideravelmente depois disso.

Eu me vi numa civilização nas montanhas. No alto das colinas havia um templo com um ídolo que dominava toda a vila onde vivíamos. O ídolo era o centro do nosso universo. Nenhum de nós sabia o que existia além dos limites da vila, pois não podíamos viajar para fora da vista do ídolo. Ele era o centro de um poder desconhecido. Pelo medo que todos nós sentíamos, imagino que ele mantinha nossas vidas em suas mãos.

Olhando para cima, eu pensava: "Será que ele vai me destruir ou me fazer mal? "Pude perceber que o medo fazia parte da estrutura dessa sociedade e, por esse motivo, as coisas se mantinham dentro da ordem estabelecida.

Quando olhei em volta, vi que as casas eram feitas de pedras achatadas e muito bem construídas. Todas pareciam ter a mesma mobília, alguns potes de barro para guardar comida e tecidos rústicos e primitivos.

Eu me identificava muito pouco com os meus pais, mas não tinha sentimentos de hostilidade para com eles. Em vez disso, a ligação primária era com a tribo. Havia muita interação entre o povo. Não existiam linhas divisórias naquela sociedade, como existem na nossa.

Minha pele era muito escura e a roupa que eu usava não passava de um pano que cobria os órgãos genitais.

No vale, algumas pessoas cultivavam o solo. Lavravam a terra com enxadas e ancinhos primitivos, cavando-a em fileiras e depois plantando sementes.

Parecia que tudo nessa sociedade estava impregnado de medo. Todos faziam o que faziam por medo do ídolo instalado no alto da montanha.

Era espantoso, pois o ídolo, pelo que me lembro, nunca fazia nada que pudesse inspirar aquele tipo de medo e reverência. Ele apenas ficava lá, sentado, o que me parecia lógico, já que era feito de pedra. Mas todos lhe atribuíam um grande poder. Se algo dava errado, era porque o ídolo tinha sido ofendido. Se algo dava certo, era porque o ídolo estava feliz. Ele nunca fizera nada que eu visse, porém tudo o que tínhamos e tudo o que acontecia conosco, de bom ou de ruim, era atribuído àquele pedaço de pedra de feição rabugenta esculpido pelos nossos avós.

Avancei até a idade de uns 30 anos e me vi casado com uma bela mulher. Tivemos filhos, e eu os amava, pois davam sentido à minha vida. Eles me faziam esquecer o medo. Não tenho muitas lembranças desse período. Lembro-me de estar ao sol com a minha família, sentindo por eles um fervor espiritual.

Finalmente, avancei para os útlimos momentos da minha vida. Eu estava caminhando ao longo de um penhasco com uma espécie de animal de carga, quando este escorregou e caiu. Tentei soltar a mão do cordão que estava amarrado em volta do seu pescoço, mas não consegui. Fui puxado para o penhasco com ele e acabei morrendo.

Essa regressão mudou o que Ted tinha a dizer sobre sua família.

O ídolo, disse ele, fazia com que se lembrasse de sua avó. Embora ela ficasse quieta a maior parte do tempo, comandava a família como uma espécie de matriarca autoritária.

Ela sempre tinha uma opinião a dar, fosse bem-vinda ou não. Não era enfática nessas opiniões, disse Ted, mas sua persistência em declará-las tornava-as inevitáveis. Se ele não desse ouvidos a suas impressões durante a manhã, ela as repetia toda vez que o via, até que ele acabasse aceitando o que a avó tinha a dizer.

Na terapia, Ted revelou que a família o sufocava e que ele não tinha sido capaz de se desenvolver como indivíduo. A regressão foi uma metáfora perfeita de sua família, disse Ted, pois ele nunca conseguia se afastar da influência dela. Quando não eram os irmãos e as irmãs querendo se impor sobre ele, então eram os pais ou a avó que tentavam dirigir sua vida. Ele era controlado em todos os aspectos.

No caso de Ted, a regressão serviu como um meio de expressar seus verdadeiros sentimentos em relação à família. Foram poupadas horas de terapia, e isso o ajudou a adquirir a liberdade de expressão que desejava.

O maravilhoso instrumento de Victor

Os pais de Victor se divorciaram quando ele era muito jovem. Ele viu o pai apenas duas vezes desde os 12 anos, mas o descreve como um homem que sofre de uma perpétua crise de meia-idade. Só se preocupa com a própria vida e não se interessa nem um pouco pela do filho. Vic assinala que seu pai nem ao menos teve a dignidade de ajudá-lo na escola. A mãe não é muito diferente. Ela é uma pessoa muito deprimida e emotiva, e pouco interessada no seu único filho. Toda vez que ele a procura em busca de algum conforto emocional, ela o faz se sentir culpado.

Quando eu o submeti à hipnose, ele se viu numa grande cidade. A primeira coisa que disse em tom de surpresa e indagação foi: "Onde fica este lugar?" Mais tarde, ele achou que deve ter sido na Arábia, pois o clima era quente e o traje utilizado pelas pessoas consistia em graciosas túnicas brancas e turbantes como os que se encontram nas paisagens desérticas do Oriente Médio.

> Eu era um erudito e tinha uns 20 anos de idade. Meus pais haviam me dado a melhor educação que o dinheiro pode proporcionar. Eles são ricos e levam muito em conta os estudos, insistindo para que eu tivesse uma boa formação, o que aceitei de bom grado.
>
> Pude ver o mais valioso dos meus bens. Era de metal brilhante e do formato de um relógio de sol para levar na mão. Tinha uns 60 centímetros de diâmetro e era ricamente decorado com jóias. Ganhei esse instrumento de um professor. Era uma peça científica surpreendente, capaz de calcular datas para festas religiosas, alinhando os pontos de coordenação com o Sol e as estrelas.
>
> Eu estava perplexo com as pessoas com as quais estudava nessa instituição. Para elas, todos os estudos deviam ser dirigidos para a religião. Mas eu não concordava com isso. Estava estudando lógica e ciência e achava que a maior parte do trabalho acadêmico nessa universidade devia ser dirigido para as ciências exatas.
>
> Fui capaz de recuar ainda mais no tempo e ver como foi a minha infância. Vivíamos num lugar tão espetacular que podia ser descrito como suntuoso. Havia imensos gramados com jardins bem cuidados. Vi meus irmãos e irmãs correndo pela relva, brincando de pegador, como sempre fazem as crianças.
>
> Desta cena, avancei para um momento no início dos meus 20 anos. Foi um período importante na minha vida. Eu ouvia vozes e imaginava que o profeta Maomé estava falando comigo.
>
> Resolvi fazer uma viagem para descobrir o que havia além da cidade. Eu me vi longe de casa, numa região montanhosa, onde a vegetação era luxuriante e bela, porém muito estranha para mim, que vinha dos desertos da Arábia. Foi na floresta dessas montanhas que morri.

Minha morte ocorreu numa estrada deserta. Dobrei uma curva e encontrei um bando de homens vestidos com roupas de couro. Esse traje cobria-os por inteiro, como uma espécie de manto protetor. Eles eram mais brancos do que eu, e, pelo seu procedimento ríspido e exigente, eu diria que eram soldados.

Intimidaram-me e violaram os meus pertences, remexendo em todos os pacotes que estavam no animal de carga. Num desses pacotes encontraram o meu instrumento sagrado. Gostaram dele e se puseram a examiná-lo, atirando-o de um lado para outro. Quando viram a expressão de terror em meu rosto, começaram a atirá-lo cada vez mais alto. Finalmente, um deles pegou o instrumento e o despedaçou no chão. Tornaram-se então violentos, pois eu comecei a gritar com eles por causa da perda que tive ao destruírem o meu instrumento.

Foi quando um dos soldados me golpeou na cabeça com uma arma. Era uma clava de madeira do formato de um bastão de beisebol. Fui atingido uma vez e caí. Do chão olhei para cima e o vi levantar a clava novamente. Morri ali mesmo, naquela estrada na montanha.

Vic ficou confuso com as imagens. Arábia? Pais ricos? Um instrumento ''mágico''? Falar com um profeta? Aparentemente, nada disso fazia sentido para ele. Então falamos sobre a sua vida atual.

Era óbvio que Vic se sentia desorientado sem um pai como modelo. Vic e eu chegamos à conclusão de que o instrumento, ao mesmo tempo científico e religioso, de sua regressão simbolizava a orientação, ''uma bússola paterna'', que ele nunca teve.

De modo geral, senti que a experiência da vida passada de Vic simbolizava o seu profundo desejo de orientação espiritual.

Recomendei-lhe começar uma busca espiritual que incluísse muita leitura e visitar várias igrejas.

O sacerdote insensível

David é um ex-fuzileiro naval sem nenhuma formação religiosa específica. Descrevendo a si próprio, ele diz ser uma espécie de protestante irresoluto que vem de uma família fleumática da Carolina do Norte. ''A única maneira de você fazer minha família demonstrar alguma emoção é quebrando uma perna'', disse ele, num leve tom de brincadeira. ''Então eles simplesmente correriam para o hospital.''

Ele passou quatro anos na marinha e depois saiu para trabalhar no ramo de imóveis, em Atlanta. Ele admite que fica transtornado com a falta de emoção, de amor e orientação espiritual na sua família, fatores que vieram à tona na regressão.

> Vi um barco muito gracioso na água. Era de madeira, comprido e largo, com as extremidades pontiagudas.
>
> Dentro dele havia um homem com uma espécie de turbante reluzente e uma longa túnica branca. Ele era uma espécie de homem santo, e ao vê-lo posso dizer que ele sou eu.
>
> À minha volta, quatro homens remavam. Estamos atravessando uma límpida extensão de água que parece ser uma laguna. Quando olhei ao redor, vi centenas de pessoas na margem nos observando enquanto bordejávamos.
>
> Tirei as mãos de dentro da túnica e atirei na água uma porção de folhas e lascas de madeira. Este ato devia ter algum significado religioso, pois deixou as pessoas entusiasmadas.
>
> Na parte posterior do barco havia um homem todo encolhido, numa postura defensiva, apavorado, como se alguém fosse bater nele.
>
> As mãos e os pés estavam tão fortemente amarrados que pude ver sua coloração já esbranquiçada. Eu não sentia pena desse homem, pois, no que me dizia respeito, essas eram as regras, o modo como a cerimônia religiosa devia ser conduzida.
>
> Fui até a parte traseira do barco, apanhei o homem pelos ombros e o atirei na água. A multidão vibrou. Ele se debateu por alguns segundos e depois a água ao seu redor começou a se turvar, devido à atividade de pequenos peixes que o estavam devorando! A excitação entre as pessoas na margem alcançara quase o delírio. Mas eu não sentia nada, como se estivesse num estado de entorpecimento.
>
> Nesse momento, tive um retrospecto de minha infância. Eu era um bebê e vivia na selva, numa casa construída sobre uma plataforma. Meu pai era sacerdote. Eu estava muito confuso com o que ele fazia na vida. Não sabia exatamente qual era o seu ofício e por que ficava sentado horas a fio fitando uma estátua sagrada.
>
> Avancei até uma outra cena da infância. Eu estava numa sala enfumaçada com vários garotos da minha idade. À nossa fren-

te, homens mais velhos talhavam desenhos em nossas faces com pedras afiadas. Essa experiência deve ter sido dolorosa, mas na verdade eu não sentia nada. Depois nos deram um líquido amargo para beber e todos nós nos sentimos bem "altos". Disseram-nos então que doravante éramos homens adultos.

Pude me ver correndo pela floresta, a toda velocidade, atrás de um veado. Eu carregava uma vara com uma flecha na ponta. Finalmente derrubei-o e o atingi com a vara. O veado caiu e eu me inclinei para cortar-lhe a garganta. Isto me fez sentir reverente, feliz e como um homem de verdade.

Avancei ainda mais e me vi numa casa construída com troncos de madeira. Estava lá com o meu pai, que me explicava os princípios de nossa religião. Eu o amava e respeitava, mas ficava confuso com toda aquela conversa sobre religião. Ele me explicou que eu ia ser o grão-sacerdote da tribo, uma posição para a qual não me sentia muito inclinado.

Esta cena pôs fim ao retrospecto.

No episódio seguinte, eu estava novamente no barco, observando o homem ser devorado pelos peixes. A multidão se entusiasmava com a cena, enquanto eu fitava o homem na água e jogava pedaços de folha e de casca de árvore. Obviamente, esse ato tinha um significado sagrado para as pessoas que estavam em terra, mas não para mim. Eu realizava a cerimônia, mas de um modo geral seu significado não me sensibilizava.

Avancei rapidamente para o último dia da minha vida. Cheguei à vila, vindo da floresta, e vi uma tribo de selvagens, que usavam penas, saqueando o povoado. Prendi a respiração quando vi todos aqueles homens puxarem minha mulher de nossa cabana e começarem a agredi-la. Depois, fiquei simplesmente insensível a essa experiência.

Na última cena, vi um homem tomar posição em frente de mim. Ele tinha um arco com o qual disparou uma flecha. "É isso", disse para mim mesmo. Pude ver a flecha vindo na minha direção, em câmera lenta, e cravar-se na testa. Vi-a penetrar e rasgar a carne. Assim terminou a minha vida.

Achei interessante que a vida atual de David fosse tão cínica e mundana. No entanto, sua regressão estava repleta de buscas espirituais e perguntas sobre o significado dos vários ritos religiosos. Ele também ficava zangado com seu pai na regressão por não lhe ter explicado melhor a sua religião, mais ou menos o mesmo motivo pelo qual se transtornava com o pai na vida atual, por não lhe dar orientação espiritual. David admite um imenso desejo de busca espiritual nessa regressão.

Uma outra coisa que a regressão continha eram sentimentos de indiferença, quando se esperariam respostas bem emotivas. Mostrei isso a ele, que mais uma vez se referiu à sua educação. David disse que raramente lhe era permitido "sentir" qualquer coisa, porque a família reprimia as emoções.

A regressão atingiu o âmago dos problemas de David. Numa única regressão pudemos chegar ao núcleo das dificuldades que o atormentavam.

Bloqueado pelo passado

Um terapeuta de vidas passadas me contou a respeito de um paciente que desejava ser escritor, mas estava sofrendo um "bloqueio", aquela condição mental que impede os escritores de colocar a caneta no papel. A situação era tão ruim que ele sentia dificuldade até para escrever uma simples carta. Foi quando resolveu procurar a ajuda de um terapeuta de vidas passadas.

O paciente regrediu por hipnotismo e verificou que sua vida passada estava intimamente ligada ao seu problema.

> Pude me ver como se estivesse num cinema, porém eu me sentia como se estivesse no corpo para o qual olhava.
>
> Eu estava sentado perto de uma janela, escrevendo. Pela aparência da minha roupa e pelo fato de que na rua havia carroças puxadas a cavalo, acho que a época era o começo do século XIX.
>
> A residência onde eu estava era um lugar horrível. Sujo e pequeno. A mobília era escassa. Havia uma única cama que ocupava toda uma parede, a mesa, a minha cadeira, e só. Mesmo com tão poucos móveis, o lugar parecia abarrotado. Pela janela pude ver uma fila de armazéns, por isso penso que se tratava de uma zona de depósitos em alguma cidade.
>
> Apesar de a vida ser obviamente difícil, eu era feliz então. Estava dando os últimos retoques num romance que tinha escrito. Há mais de um ano que vinha trabalhando nesse livro e agora já podia entregá-lo a um editor, que concordara em dar uma olhada.
>
> Eu estava entusiasmado. Se conseguisse vendê-lo, seria a solução para a minha pobreza. Também significaria ter o meu tra-

balho aceito pela família, que achava que eu perdia tempo escrevendo. Senti que esta era a chance de provar que todos estavam errados.

Numa cena posterior, eu estava sentado àquela mesma mesa, olhando pela janela, triste e amargurado. O editor dissera que o meu livro não prestava, que nunca poderia ser publicado. Não acreditei nele. Levei minha obra para outros três editores, que disseram a mesma coisa. Senti-me derrotado e tolo.

Mais tarde, numa outra cena, eu caminhava pelas ruas. Desta vez estava no meu corpo, com a visão embaçada pelas lágrimas. Mais um romance que escrevi fora rejeitado. Tinha vontade de me matar, mas não conseguia. Jurei que continuaria tentando.

A última cena veio quando eu já era velho. Pude me ver da perspectiva de uma terceira pessoa. Eu tinha uma coroa de cabelos grisalhos que circundavam a minha calvície. Trabalhava numa biblioteca e me vi embaralhando cartas. Havia livros em volta da minha mesa. Sentia uma grande amargura. Um pensamento me veio à mente: todos aqueles livros, e em nenhum deles estava o meu nome.

Para mim é óbvio que o paciente tem medo do fracasso. Sua preocupação era desperdiçar a vida colocando no papel palavras que nunca seriam lidas. Para vencer esse bloqueio procurou um terapeuta de vidas passadas que lhe sugeriu estabelecer um limite de tempo para o sucesso.

Com isso queria dizer que o escritor deveria prosseguir escrevendo no mínimo por dois anos. Se não fosse razoavelmente bem-sucedido nesse espaço de tempo, poderia então perseguir outras metas, sabendo que pelo menos havia tentado a carreira desejada.

Ele tomou a sério a sugestão. Não sentiu mais aquela urgência em ser bem-sucedido, e então o bloqueio desapareceu. Continuou com a carreira de escritor pelo menos durante dois anos. Depois disso, trocou a pena pela faculdade de Direito, sentindo-se satisfeito por ter ao menos tentado.

Reelaborando vidas

Uma técnica utilizada por muitos terapeutas de vidas passadas é a de "reelaborar" os acontecimentos. Em poucas palavras, a reelaboração consiste na interferência do terapeuta num ponto crítico da regressão para mudar a experiência. Assim, por exemplo, uma pessoa que morreu de uma queda numa vida passada e agora tem medo de altura reelaboraria sua experiência de regressão, de modo que a morte ocorresse naturalmente, e não pela ação da inclemente gravidade. Teoricamente, isso ajudaria a aliviar o medo das quedas.

A reelaboração tem suas origens no trabalho do célebre terapeuta Milton Erickson. Ele a descobriu enquanto conduzia uma hipnoterapia com uma paciente que tinha medo de ter filhos porque temia ser tão ruim para eles como seus próprios pais tinham sido para ela.

Em vez de substituir os pais dela por outros mais carinhosos, Erickson adicionou a lembrança do "homem de fevereiro", um amigo imaginário do pai. Por meio desse novo personagem, Erickson foi capaz de injetar sentimentos de amor e ternura. Isto ajudou a paciente a desenvolver um autoconceito mais forte e finalmente lhe deu a capacidade de educar os filhos.

Até mesmo Erickson chegou a duvidar da validade dessa técnica, ao questionar o fato de um terapeuta ser bem-sucedido quando acrescenta experiências à vida de um paciente.

A despeito de suas dúvidas sobre essa técnica, Erickson e outros a utilizaram com grande sucesso durante vários anos. Alguns terapeutas usam uma técnica conhecida como "reparenteamento", em que o paciente recorda lembranças ruins da infância. Por intermédio da hipnose ou da terapia falada, ele é auxiliado no sentido de tornar a ser a criança ofendida. Então, enquanto o paciente rememora aquelas lembranças traumáticas, pede-se a ele que busque em seu eu mais velho o entendimento e o amor de que necessita.

Richard Landis, um psicólogo da Califórnia, utilizou nos últimos 20 anos a técnica de reparenteamento em 60% de seus pacientes. Ele avalia que apenas 6% desses tratamentos falharam.

Muitos terapeutas de vidas passadas consideram que a reelaboração em muitos casos é necessária para que tenha um verdadeiro impacto na vida atual de um paciente. Embora o ato de simplesmente reviver uma vida passada possa ser uma catarse, à medida que libera emoções e ajuda o paciente a entender os problemas da vida presente, alguns terapeutas de regressão acham que também deve causar uma mudança nos eventos reais da vida passada.

Não uso as técnicas de reelaboração na minha prática. Os pacientes com os quais tenho tentado resistem aos esforços no sentido de alterar os eventos. Uma paciente me disse que a própria experiência de vidas passadas parecia uma reelaboração de sua vida. Ir mais além ainda requeria um salto muito grande para a sua lógica. Outros pacientes disseram que não podiam aceitar a reelaboração porque as experiências eram reais e portanto não era possível alterá-las.

Mas não uso a reelaboração principalmente por considerá-la tão eficiente quanto usar as revelações das vidas passadas como meio para atingir um fim.

O terapeuta de vidas passadas Chet Snow escreveu sobre uma tentativa malograda de reelaboração em *The Journal of Regression Therapy* (vol. III, nº 1, primavera de 1988). Neste relato, o paciente resiste à reelaboração porque a vida exposta "deveria terminar daquela maneira". No entanto, o ato de reviver essa experiência foi suficientemente terapêutico, uma vez que o paciente superou o problema em função do qual procurou a terapia.

Eis aqui a análise do caso de Snow:

> Meu primeiro contato com a reelaboração num contexto de vidas passadas ocorreu "acidentalmente" há alguns anos, durante um treinamento de hipnoterapia avançada. Como parte de nossa preparação, cada um dos alunos da classe em que eu estava, com cerca de 12 estudantes, teve de realizar uma demonstração de regressão hipnótica (regressão padrão na vida atual). Por falta de parceiro, um dos alunos — vou chamá-lo de Jim — pediu ao instrutor que servisse de paciente.
>
> O instrutor, Jeff, prontamente concordou. O problema a ser tratado dizia respeito aos freqüentes e inexplicáveis surtos de fúria e frustração em Jeff, quando dirigia o seu antiquado e não muito confiável automóvel. Toda vez que o carro não funcionava nas manhãs frias ou parava no meio do trânsito, Jeff ficava furioso, o que contrastava com a sua índole. Normalmente, ele era um sujeito "tranqüilo", que não se perturbava com facilidade. De fato, ele explicou que essa situação havia ocorrido justamente naquela manhã e portanto estava bem fresca na memória. Parecia

um excelente caso para regressão hipnótica. Devo acrescentar que durante as sessões anteriores Jeff nos informara de sua descrença pessoal na idéia da reencarnação e a aversão pela terapia de vidas passadas.

Após uma breve indução hipnótica, tudo ia bem na regressão até que o inexperiente Jim (um terapeuta aluno) fez a pergunta fatal: "Qual a origem dessas explosões de cólera?" Em seguida, ele instruiu Jeff para que regressasse imediatamente à situação original. Esperava encontrar algum incidente reprimido envolvendo tráfego de automóveis na sua adolescência.

Jeff parou por alguns momentos e então, com a voz revelando espanto e cheia de emoção, começou a descrever sua situação como soldado alemão no deserto líbio, com o *Afrikacorps* de Rommel. Ele se viu como piloto de um tanque de guerra preso dentro de um veículo inutilizado e em chamas, enquanto as granadas da artilharia britânica explodiam por toda parte. Quando o tanque parou, fazendo um barulho estridente, o soldado, obviamente Jeff em sua vida passada mais recente, tentou desesperadamente colocá-lo mais uma vez em movimento e, ao ver que tinha falhado, procurou escapar — mas a escotilha estava emperrada. Quase em pânico, ele se viu praguejando e forçando o painel de controle, até que a artilharia inimiga o localizou e pôs fim a sua vida com uma violenta explosão.

Alguns de nós, já familiarizados com a regressão a vidas passadas, havíamos reconhecido o que estava acontecendo e nessa altura estávamos tentando ajudar o aluno, então completamente pasmado, a fazer com que "Jeff" passasse por essa morte traumática, tirando-o daquele corpo dilacerado. Depois de fazer a transição para o espírito e assumir uma posição mais tranqüila e desprendida, Jim, o terapeuta, resolveu aplicar o que havia aprendido de reelaboração, a fim de remover o incidente e suas conseqüências da constituição emocional de Jeff. Ele deu as sugestões padronizadas para que a parte de Jeff que estava presa a esse violento e frustrante enredo pudesse se libertar, mudando a "lembrança" e alterando o incidente para uma conclusão mais satisfatória. Pelo que me recordo, Jim sugeriu que o tanque fosse colocado em movimento, para não ser atingido pelo projétil fatal e permitir que "Jeff" tivesse tempo de desemperrar a escotilha e fugir.

Apesar das tentativas do grupo para alterar o resultado desse terrível e fatal evento, Jeff não quis que as circunstâncias fossem mudadas. "É preciso terminar desse modo", insistiu ele. Nada que os terapeutas fizessem alteraria esse fato.

E assim ficou, até que Snow teve uma idéia:

> Sugeri a Jim que aceitasse o ponto de vista de Jeff e perguntasse a ele se poderia se libertar do medo e da raiva associados ao incidente fatal no tanque alemão, explicando que não era necessário trazê-lo para as situações da vida atual que envolvessem tráfego. Jeff aceitou prontamente essas idéias e permitiu que Jim o trouxesse de volta ao presente, rápida e confortavelmente. Quando Jeff emergiu da hipnose, continuou negando que o incidente representava lembranças de uma outra existência, embora não pudesse explicar sua relutância em aceitar as sugestões de reelaboração. Notei que nunca mais ele mencionou ter ficado zangado enquanto dirigia.

A partir desse paciente, Snow passou a utilizar a reelaboração com sucesso.

Há alguns terapeutas de regressão — especialmente os reencarnacionistas — que não acreditam que a reelaboração deva em absoluto ser usada. Eles a consideram um paliativo que, para começar, não leva em conta a razão de pesquisar as vidas passadas: encontrar as raízes do problema. Segundo esses terapeutas, as regressões a vidas passadas oferecem a oportunidade de vermos nosso verdadeiro eu. Se este não for abordado, os problemas da vida atual serão os da próxima, e assim por diante. Um problema reelaborado é aquele alterado de modo a se adaptar ao ego da vida atual de uma pessoa. Não obstante, a reelaboração é uma maneira de utilizar as vidas passadas para resolver dilemas no presente.

O instrumento da regressão

Não estou tentando sugerir neste capítulo que as regressões a vidas passadas sejam uma panacéia. Em vez disso, insisto em que a terapia de regressão tem um efeito sobre os problemas mentais que os terapeutas nunca imaginaram.

Aplicando as regressões a vidas passadas a muitas doenças físicas e mentais, com certeza descobri uma coisa: as regressões *não* são uma brincadeira, mas instrumentos eficazes para a terapia.

III

O que significam as regressões?

III

O que significam as regressões?

5

As Regressões Provam a Existência de Vidas Passadas?

Agora que a minha atitude sobre as regressões a vidas passadas mudou, respondo de modo diferente a perguntas relativas ao seu significado. Os próximos três capítulos são as melhores explicações que posso oferecer sobre o que significam as regressões.

Em qual acredito? Não acredito numa explicação única. Como verão nestes capítulos, submeti dezenas de pacientes à regressão e verifiquei que eles podem ser muito bem enquadrados nas diferentes categorias de regressão, mesmo naquelas conhecidas como reencarnação.

O que traz à tona a pergunta feita com mais freqüência sobre as regressões a vidas passadas: "Essas nítidas recordações de algum tipo de vida passada representam a reencarnação?"

Por um lado...

Esta é sempre uma pergunta difícil de responder. Minha formação científica e minha educação cristã se combinam para suscitar a seguinte resposta:

De maneira alguma a reencarnação está de acordo com o pensamento cristão, com o seu sistema de recompensa e castigo baseado no céu e no inferno. Em vez disso, a reencarnação traz esperanças de renovação, com uma vida após a vida, que depende da crença de que o princípio vem do fim, e assim por diante.

Essa crença é a antítese do pensamento cristão. A maioria das seitas acredita numa morte física que será revertida no futuro quando Cristo voltar e ressuscitar os justos. Como disse o rei Salomão, "pois os vivos sabem que morrerão; mas os mortos de nada sabem..."

Por outro lado, a ciência diz que não sabemos nada sobre o que acontece depois da morte. Exceto pelas narrativas casuísticas de pessoas que descrevem detalhadamente suas vidas passadas, não há nenhuma *evidência demonstrável* de vida posterior. Evidência demonstrável, no caso da reencarnação e da ciência, seria a capacidade de provar que, digamos, ratos brancos recém-nascidos tenham de fato vivido anteriormente no mesmo laboratório.

A ciência tende a aceitar somente a pesquisa que apresenta resultados passíveis de reprodução. Tudo bem, se estivermos lidando com os efeitos de certas drogas numa população. Esses resultados são observáveis.

Mas algo como a reencarnação coloca certos obstáculos à observação. Para onde vai a alma no intervalo das encarnações? Qual a evidência da existência de um plano diferente onde as almas esperam pela próxima encarnação física? Por que não temos consciência de ter vivido antes?

Tais questões colocam obstáculos à investigação científica porque são variáveis que teriam de ser eliminadas antes que pudesse ser feito um estudo com "ratos de laboratório".

Assim, como cientista influenciado por uma educação cristã, eu teria de dizer que as regressões a vidas passadas são evidência de um estado alterado de consciência alcançado por meio da hipnose.

Fico numa situação perfeitamente cômoda deixando as coisas assim. Mesmo que essas experiências não se qualifiquem como prova científica de reencarnação, certamente são prova da existência de um universo fecundo e expressivo além do consciente.

Como já vimos, as regressões revelam um mundo que pode afetar o nosso bem-estar mental e físico. Esse é também um mundo, como poderão notar nos próximos três capítulos, que nos dá a chance de explorar uma variedade de estilos de vida aos quais normalmente não estaríamos expostos. Também nos dá a chance de estabelecer um mito sobre nós mesmos, que nos mantenha num caminho escolhido ou até explique ao nosso mais profundo inconsciente por que escolhemos esse caminho.

As regressões a vidas passadas também podem nos ajudar a penetrar num vasto repertório de conhecimentos que a maioria de nós nem ao menos sabe que possuímos. Este é um conhecimento colhido aleatoriamente ou obtido na escola e "esquecido" (mas na verdade escondido num compartimento da massa encefálica). A experiência de penetrar nesse conhecimento se chama "criptomnésia", ou "xenoglossia".

Se eu dissesse que sou cientista demais para acreditar na reencarnação, então também teria de acrescentar que as regressões são valiosas porque podem ajudar as pessoas a se entender. Podem nos ajudar a compreender nossos medos, nossos desejos, nossas necessidades ocultas. São capazes de nos justificar perante nós mesmos. Por causa disso, as regressões a vidas passadas constituem um instrumento maravilhoso para o autoconhecimento de nós mesmos. São uma maneira de termos experiência com várias identidades, modos de ser, temperamentos, personalidades, e certamente de examinar nossas raízes psicológicas, investigando o tipo de pessoas que somos.

De onde vem essa torrente de imagens em que penetramos? E qual é o seu objetivo? Esse manancial de imagens é um dos maiores mistérios da mente. Mas, felizmente, seus benefícios estão prontamente disponíveis.

...por outro lado

Mas isso ainda não responde à pergunta: "As regressões a vidas passadas representam uma prova da reencarnação?"

Como um realista leigo eu responderia "talvez". Para começar, quem pensa que a reencarnação é uma crença sustentada apenas por algumas pessoas ingênuas provavelmente vive com uma venda nos olhos. A reencarnação é possivelmente a crença espiritual mais antiga e mais amplamente sustentada de que a humanidade tem conhecimento. Não é só uma crença defendida pelas religiões antigas, mas também pelas atuais. E aqueles que acreditam na sobrevivência da alma não estão unicamente na Índia ou em outros países exóticos, mas provavelmente trabalham e vivem bem perto de nós.

De fato, um dos maiores pesquisadores de reencarnação em todo o mundo é Ian Stevenson, um professor de psiquiatria da Universidade de Virgínia. Stevenson examina "casos que sugerem reencarnação", oferecendo descrições e análises detalhadas dos casos que ele descobriu. Depois, ele apresenta todos os detalhes num quadro e logo em seguida os nomes das pessoas pesquisadas, para fazer um cruzamento das informações aduzidas. Esses quadros podem tomar várias páginas e servem para mostrar o cuidado com o detalhamento envolvido no estudo de cada caso.

Um desses casos foi o de Parmod Sharma, nascido em 1944 e filho de um professor que vivia em Uttar Pradesh, na Índia. Segundo Stevenson:

> Quando Parmod estava com cerca de 2 anos e meio de idade, começou a pedir para a mãe não fazer a comida, pois ele tinha uma esposa em Moradabad que sabia cozinhar. Mais tarde, entre os 3 e 4 anos, referiu-se a um grande estabelecimento que vendia refrescos e biscoitos e do qual ele se dizia proprietário em Moradabad. Pediu então para ir até esta cidade. Disse que era um dos "Irmãos Mohan". Alegou ser abastado e ter um outro estabelecimento em Saharanpur. Ele mostrava um grande interesse em biscoitos e estabelecimentos comerciais... Contou que, na vida anterior, tinha ficado doente depois de comer muita coalhada e disse que havia "morrido numa banheira".

Stevenson viajou para a Índia a fim de entrevistar a criança. Falou com a família e ficou sabendo que eles não tinham nenhum conhecimento antigo ou amizade com alguém de nome "Mohan". Stevenson então descobriu que havia uma loja de biscoitos em Moradabad conhecida como Irmãos Mohan. Verificou que eles tinham uma outra loja de biscoitos em Saharanpur. Descobriu também a existência de um irmão que tinha morrido de uma doença gastrointestinal. Ele morreu numa banheira? Quase.

> As testemunhas da família Mehra declararam que Parmanand tentou uma série de banhos naturopáticos como tratamento,

> quando teve apendicite. Ele submeteu-se a alguns desses tratamentos durante os dias que precederam sua morte, mas na verdade ele não morreu numa banheira. Numa carta datada de 7 de novembro de 1949, Sri B. L. Sharma declarou que o garoto Parmod dissera ter morrido por estar "molhado" e que ele (Sri B. L. Sharma) soubera (presumivelmente da família Mehra) que o comerciante Parmanand havia tomado um banho imediatamente antes de sua morte.

Stevenson pesquisou dezenas de casos de reencarnação em todo o mundo. Embora essa pesquisa seja casuística, apresenta bases muito sólidas, visto que não confia estritamente na palavra da pessoa que passou pela experiência.

O trabalho meticuloso de Stevenson no campo da reencarnação concorreu para que o assunto fosse alvo de sérias considerações por parte de seus colegas cientistas. Disse um famoso pesquisador: "O trabalho de Stevenson nos fez avançar no caminho do que poderia ser chamado de abordagem direta do tema. Tais aproximações atacam o problema de frente, procurando evidências de padrões sobreviventes de personalidade... a sobrevivência passa a ser objeto de pesquisa, um assunto digno de constar na agenda científica."

O trabalho de Stevenson prova que a alma vai passando de um corpo para outro? Não no sentido "científico". Mas oferece evidências difíceis de ignorar, mesmo neste mundo cético.

Alguns casos difíceis de ignorar

Todas as regressões a vidas passadas apresentadas neste livro podem facilmente representar experiências de reencarnação. Os céticos dizem que não, que representam um estado mental dissociativo, ou que são simplesmente o resultado da tentativa do paciente para satisfazer o hipnotizador.

Este argumento pode contentar o cético, mas tem força para convencer aquele que enxerga mais profundamente. Por exemplo, como uma pessoa pode criar vidas tão nitidamente detalhadas? A dra. Helen Wambach, uma pesquisadora de vidas passadas, descobriu que 90% das pessoas que tentavam a regressão hipnótica eram capazes de recordar eventos de uma vida anterior. Como suas "vidas passadas" podem parecer tão reais quanto as atuais? Superficialmente, pode-se dizer que são vôos da fantasia. Mas por que esses vôos são tão nítidos? E por que a maioria deles não se parece com uma fantasia?

São essas as questões que fazem da regressão a vidas passadas um enigma, mesmo para os especialistas dessa área. Quando converso com outros terapeutas de regressão, verifico com freqüência que eles também são incapazes de determinar se as regressões hipnóticas realmente representam a reencarnação ou apenas o trabalho (ou o jogo) da mente inconsciente ativa.

Como disse um terapeuta: "Justamente quando você está quase convencido de que as regressões constituem apenas a atividade do inconsciente, surge um caso que apresenta evidências de uma vida anterior. Então você pende para o lado contrário."

O nobre renascido

Um desses casos é o do dr. Paul Hansen, um terapeuta de vidas passadas do Colorado. Numa conversa pessoal, o dr. Hansen me contou que fez uma regressão em 1981 e se viu como um nobre francês de nome Antoine Poirot. Ele sabia que vivera numa propriedade nos arredores de Vichy, na França. Sua esposa se chamava Marie e eles tinham dois filhos.

Ele era o "governante" de uma região do tamanho de um grande município no oeste dos Estados Unidos. De um pequeno castelo, Antoine comandava centenas de camponeses.

"A cena mais clara de regressão foi aquela na qual eu cavalgava com minha esposa, atravessando um bosque bem cuidado, em direção ao castelo", contou Hansen. "Ela usava um vestido vermelho brilhante, feito de veludo, e estava sentada de lado na sela."

Hansen não só era capaz de se lembrar do seu nome, como também da época (século XVII). Com a data e o nome, ele pôde procurar os registros de certidão de nascimento que sobreviveram aos séculos. E conseguiu encontrar o registro de nascimento de Poirot conforme fora lavrado por um pároco.

Hansen não se recorda de alguma vez ter visto ou ouvido esse nome antes da regressão. Nem existe razão para que esse rico fazendeiro francês do século XVII aparecesse nos livros de História europeus. Hansen acha que essa experiência evidencia que ele viveu anteriormente.

Isso não seria prova suficiente para a comunidade científica, mas para ele é o bastante.

De volta ao grupo de Donner

A análise deste caso vem de Dick Sutphen, famoso hipnotizador e terapeuta de regressão. Há vários anos ele submeteu à regressão uma mulher alemã que tinha dificuldade para controlar o peso. Ela estava num ciclo de jejum e gulodice e sua esperança era a de que Sutphen pudesse ajudá-la a melhorar seus hábitos alimentares. Durante a regressão, ela se viu como membro do grupo de Donner, aqueles malfadados viajantes que ficaram presos nas Montanhas Rochosas durante uma tempestade de neve, sem nada para comer senão os membros de seu próprio grupo.

Será que a experiência dela foi um evento de reencarnação? Leiam a transcrição da regressão e os comentários de Sutphen e decidam vocês mesmos.

Dick: Fale alto e me diga o que está vendo... o que está acontecendo?

Eva: Estou com medo. (Ela começa a tremer.)

Dick: Do que você tem medo?

Eva: De ficar presa na neve. Todos nós temos. Não saímos antes de começar a nevar.

Dick: Você está com os outros? Quantos são?

Eva: Oh, talvez mais uns 30 ou 40.

Dick: Está bem, conte-me tudo que puder sobre a situação.

Eva: Estávamos tentando atravessar antes que viesse a neve. Não conseguimos. Agora não podemos prosseguir. Não podemos sair.

Dick: Qual foi o meio de transporte?

Eva: Carroça e caminhada.

Dick: Qual a sua idade?

Eva: Dez anos.

Dick: Qual é o seu nome?

Eva: Mary.

Dick: Tudo bem, Mary. Você tem dez anos de idade e está presa com outras 30 ou 40 pessoas. Vocês faziam parte de uma caravana? É isso?

Eva: Sim.

Dick: Muito bem. Diga-me o que está acontecendo agora. Fale mais sobre isso.

Eva: Bem, nós... está muito frio, e não temos nada para comer.

Dick: E qual o nome do seu grupo?

Eva: Ahn, Donner?

Dick: Sim. Muito bem, depois de eu contar até três, quero que você avance até algo muito importante: um, dois, três.

Eva: Meu avô morreu. Ele acabou de morrer.

Dick: Sua mãe está aí? Seu pai está aí?

Eva: Meu pai não está aqui.

Dick: Seu pai, onde está seu pai?

Eva: Acho que ele estava esperando por nós do outro lado... Não sei.

Dick: Está bem, você estava viajando com sua mãe e seu avô, certo?

Eva: Sim, e minha irmã e meus irmãos, e o vovô morreu.

Dick: O que a sua mãe está lhe dizendo? Vocês vão enterrar o seu avô?

Eva: Bem, nós não falamos, não falamos nisso. Agora eles estão nos alimentando, estão nos alimentando agora.

Dick: Eles estão alimentando vocês.

Eva: E não querem que saibamos que é o vovô. Eu sei que é. Eu sei que é, e não devia estar comendo isso. (Eva está tremendo e as lágrimas rolam pela sua face.)

Dick: Você está com fome, Mary?

Eva: Sim.

Dick: Muita, muita fome? Quero que você sinta essa fome. Como é se sentir tão faminta?

Eva: Não interessa. Nada interessa.

Dick: Interessa, sim. Você está comendo. Você está com fome, e isso dói. Conte-me o que está acontecendo. Quero que você viva totalmente essa situação. Você vai vivê-la e vai sair pelo outro lado. (Tempo adicional para sentir a fome.) Agora, diga-me, como é sentir tanta fome?

Eva: É horrível! O seu próprio irmão e a sua própria irmã se tornam seus inimigos, isto é que é a fome. Nada mais, não há nada mais.

Dick: Está bem, vamos avançar agora. Mary, você está penetrando mais ainda no inverno. Diga-me o que está acontecendo agora.

Eva: As pessoas mais velhas estão desaparecendo.

Dick: Estão desaparecendo ou estão morrendo? O que está acontecendo com as pessoas mais velhas?

Eva: Não acho que elas estejam simplesmente morrendo. Acho, acho que os outros as estão matando.

Dick: Acha que estão matando os mais velhos para comê-los?

Eva: Acho... eu realmente acho que sim.

Dick: Está bem. O tempo... como você passa o tempo? O que você faz durante o dia? Quero saber tudo o que está acontecendo.

Eva: Dentro de um buraco, dentro de um buraco na neve.

Dick: Um buraco na neve, tudo bem.

Eva: Nós nos amontoamos porque faz muito frio.

Dick: Então é assim que vocês passam o dia todo? Amontoados para se aquecer?

Eva: As crianças, suas mães e os outros.

Dick: Como? Vocês vivem individualmente, ou estão num acampamento? Como ele foi construído? Quantos de vocês sobraram agora, e como ele foi construído?

Eva: Bem, sobraram só duas famílias. Mas não é uma família inteira no buraco. São principalmente as crianças e as mulheres que sobraram. E eu acho que agora todos sabem, agora todos sabem, exceto aqueles muito pequenos. Eu não devia estar comendo isto.

Dick: E você está comendo. Como você se sente comendo as pessoas?

Eva: Acho horrível.

Dick: Mas você está comendo. Como você se sente fazendo isso, mesmo achando horrível? (Propositadamente, forcei-a a libertar as emoções reprimidas.)

Eva: Uma parte de mim acha que está tudo bem, e a outra acha que não. Mamãe diz que está tudo bem.

Dick: Bem, eu quero avançar no tempo mais um pouco, mais um pouco, Mary. O tempo está passando, aprofundando-se cada vez mais no inverno. O que está acontecendo agora?

Eva: Poucos sobraram. Só as mulheres e as crianças. Dois homens.

Dick: Dois homens?

Eva: E eles têm medo das mulheres. Eles têm um buraco só para eles.

Dick: Os homens têm o seu próprio buraco porque temem as mulheres?

Eva: Sim.

Dick: Por que eles têm medo das mulheres?

Eva: Acho que elas querem manter seus filhos vivos.

Dick: As mulheres querem manter seus filhos vivos. O que isso significa?

Eva: Elas vão querer os homens... para comer. (Ela começa a chorar e a tremer.)

Dick: Deixe isso agora e, sem dor ou emoção, depois que eu contar até três, quero que avance até o último dia da sua vida nessa existência que agora estamos examinando. Você ainda não morreu, ainda não é espírito. Mas agora é o último dia da sua vida, e eu quero que você me conte o que está acontecendo.

Eva: Agora sou avó, sou velha.

Dick: Bem, Mary, quero que olhe para trás e me diga o que aconteceu. Você ficou presa na neve junto com o grupo de Donner. Então você escapou, correto?

Eva: Sim. A primavera... veio a primavera.

Dick: A primavera veio e você sobreviveu. Quantos sobreviveram?

Eva: Não muitos, não muitos. Quinze? Vinte?

Dick: E você continuou a viver. Onde você viveu, Mary?

Eva: Mudamos para longe e trocamos de nome.

Dick: Por que trocaram de nome?

Eva: As pessoas. As pessoas sabiam.

Dick: As pessoas sabiam que os sobreviventes do grupo de Donner comeram gente?

Eva: Sim.

Dick: E como você se sentia em relação a isso? Como você se sentia sendo um dos sobreviventes da caravana e tendo comido gente? Você teve de conviver com isso durante toda a sua vida?

Eva: Eu sentia que nunca ia querer comer carne de novo, nunca. Eu sempre soube que aquilo foi errado.

Dick: Foi errado comer as pessoas.

Eva: Sim, eu não devia tê-las comido.

Dick: Você tinha dez anos de idade e sua mãe lhe disse que estava tudo bem. Isso não faz diferença? Você ainda acha que foi errado?

Eva: Especialmente o meu avô. Especialmente ele. Sim. Foi errado.

Dick: Seu irmão e sua irmã sobreviveram, Mary?

Eva: Sim. Mas eles se mudaram para longe. Depois daquilo, nunca mais quisemos falar uns com os outros.

Dick: Nunca mais quiseram falar uns com os outros?

Eva: Não. Fomos para lugares diferentes e perdemos contato. Não queríamos que ninguém nos conhecesse, não queríamos nem mesmo conhecer uns aos outros.

Dick: Alguma vez alguém ficou sabendo? Seu marido?

Eva: Não.

Dick: Você nunca disse a ele?

Eva: Não. Nunca disse a ninguém.

Dick: Então isso é algo que você reprimiu a vida toda. Não foi um terrível fardo, Mary?

Eva: Ainda é. Ainda sinto. Tenho medo de morrer.

Dick: Por que tem medo de morrer?

Eva: Tenho medo de ver meu avô.

Dick: Fale-me sobre isso.

Eva: Se há um céu e um inferno, ele pode voltar.

Dick: Você acha que ele vai culpar uma garotinha de dez anos? Talvez ele tivesse se sentido bem por ter sido capaz de ajudá-la a sobreviver. Não acha que isso é possível?

Eva: Tenho medo de descobrir. Não sei. Minha mãe sempre me disse isso.

Dick: O que ela disse?

Eva: Que não importava. Que afinal de contas ele tinha morrido.

Dick: Depois de crescida, você também perdeu contato com a sua mãe?

Eva: Não. Depois daquilo, ela morreu. Ela nunca mais passou bem.

Dick: Ela nunca mais passou bem depois do inverno?

Eva: Não. Nunca. Acho que ela não queria mais viver depois do que aconteceu.

Dick: E o seu pai? Ele estava esperando por você do outro lado da montanha ou não?

Eva: Não. Acho que ele nos repudiou quando descobriu. Não sei.

Na pesquisa de acompanhamento, Sutphen verificou que Eva chegou ao nosso país em 1953 e nunca tinha estudado a história dos Estados Unidos. Ela não tinha nenhuma lembrança consciente da tragédia de Donner, ocorrida em 1846.

Pesquisando o incidente real, Sutphen descobriu que havia um total de 87 pessoas que tentaram atravessar as Rochosas naquela fatídica viagem. Duas divisões daquela caravana alcançaram o que é atualmente conhecido como lago Donner, onde conseguiram construir duas toscas cabanas de troncos de árvores. A terceira divisão, liderada por George Donner, ficou longe do resto do grupo. Eles abandonaram suas carroças e levantaram tendas que reforçaram com peles de boi. Montes de neve de três metros os obrigaram a cavar buracos até o topo, assim como Eva havia descrito.

Das três divisões da caravana, sobreviveram 47 pessoas, na maioria mulheres e crianças. Entre aqueles separados do resto do grupo, oito sobreviveram, dois dos quais eram homens.

Conclusão

Todos os casos apresentados neste capítulo — e de fato o livro todo — mostram a possibilidade da reencarnação. De onde vieram essas "lembranças", se não de uma vida anterior? Porque exercem uma influência tão profunda em algumas pessoas, se não representam eventos "reais"? Poderíamos continuar fazendo muitas outras perguntas.

Infelizmente, a resposta à questão da reencarnação — nascemos outras vezes? — não existe. A ciência só pode dizer que não é possível provar, enquanto as evidências casuísticas dizem que não é possível refutar.

O resultado é uma questão que cada pessoa deve responder para si.

6

Lições Úteis

Todos somos um mistério para nós mesmos.

Do ponto de vista das outras pessoas, a maioria de nós parece calma. Ocupamo-nos de nossas tarefas diárias de uma maneira perfeitamente lógica; comendo, trabalhando e dormindo, mais ou menos do mesmo modo todos os dias. Mas sob essa calma exterior há uma atividade convulsiva, uma agitação constante de pensamentos e idéias, de fantasias e crenças subliminares. Passamos muito mais tempo falando com nós mesmos do que com as outras pessoas. Nós nos questionamos, protegemos o nosso ego, devaneamos sobre terras distantes e diversos estilos de vida.

Da mesma maneira que tendemos a nos repetir em conversas com outras pessoas, as conversas com nós mesmos são recordadas repetidas vezes pelo nosso companheiro mais íntimo, o subconsciente.

O subconsciente é o grande criador e o grande experimentador. Ele pode se apropriar dos nossos devaneios e concordar com eles. Pode nos ajudar a sonhar que somos o Príncipe de Gales ou um policial fazendo a ronda. É um meio imaginativo de explorar sentimentos que não entendemos, uma espécie de análise do *alter ego*.

Quando a sua criatividade é atingida pela hipnose, o subconsciente nos leva a excursões mágicas ainda mais impressionantes do que os nossos devaneios. Às vezes essas excursões vão a lugares aos quais conscientemente não sabíamos que desejávamos ir.

Certa vez fiz regredir um "machão" e descobri que ele havia sido homossexual numa vida passada. Ele ficou chocado e um tanto embaraçado com essa experiência.

Porém, suspeito que subconscientemente ele tinha curiosidade a respeito desse estilo de vida. Submetido à hipnose, sentiu-se suficientemente relaxado para explorar livremente essas sensações. Como resultado dessa nova aventura, ele se tornou menos preconceituoso e mais compreensivo em relação aos homossexuais.

Numa outra ocasião, fiz regredir uma mulher de 30 anos, muito puritana e pedante. Toda a sua vida tinha sido dirigida para os estudos, e suas credenciais refletiam esse fato. Ela havia concluído três mestrados e na época da regressão estava se dedicando a mais um.

Antes da regressão, nós conversamos. Sua vida estava começando a aborrecê-la, disse ela. Por causa do mau casamento dos pais, havia ignorado o sexo oposto, considerando ruim todo relacionamento. Ela nunca tentara ser atraente. Em vez disso, procurava fazer exatamente o contrário, ocultando o seu lado feminino sob trajes masculinos. Raramente tinha alguma atividade fora dos estudos, preferindo passar a maior parte do tempo "com o nariz enfiado num livro".

Agora queria transpor esse muro que ela mesma havia construído. Nunca se relacionara profundamente com um homem, mas tinha vontade de saber se essa relação seria necessariamente tão ruim quanto a dos seus pais. Achava até que poderia gostar de ter filhos.

Não sabia ao certo por que necessitava de uma regressão, mas disse que desejava ver se havia algo numa vida passada que a tivesse levado à atual sensação de isolamento.

O que apareceu na regressão não foi a memória de um mau relacionamento. Pelo contrário: a regressão se tornou um meio de explorar suas curiosidades mais íntimas. Eis o que aconteceu:

> Voltei a uma vida passada, mas não tenho idéia de onde estava. Acho que era algum lugar parecido com a Escandinávia. Não

havia nenhuma evidência de data, mas tenho a certeza de que foi há muitas centenas de anos. Não havia metais. A vida ali era a própria Idade da Pedra.

Numa cena eu estava sentada perto de uma fogueira, observando meu marido colocar pequenas pontas de flecha na extremidade de umas varas. Ele usava uma cola feita de resina de árvore. Depois as amarrava com um cordão bem forte. Em outra ocasião, eu me vi olhando para o couro de um animal. Ele estava estendido entre dois troncos. Eu o raspava com uma lâmina de pedra. Era um trabalho realmente difícil, mas eu apreciava repeti-lo.

Em alguns momentos pude ver que meu cabelo era de um grisalho esbranquiçado. Eu usava uma túnica feita de um material toscamente cortado. Lembro-me de estar olhando nos olhos do meu marido, que eram de um azul penetrante.

Nessa vida tive pelo menos oito filhos. Eu gostava de todos eles, embora nessa civilização houvesse um sentimento de cooperação grupal, de modo que todos na sociedade assumiam um papel na educação deles.

Acho que eu amava o meu marido, mas na verdade pensava em nós mais como uma unidade do que como amantes. Dependíamos um do outro para existir. Não havia nenhuma atração romântica.

Lembro-me de momentos de grande alegria. Numa cena estávamos todos correndo num dia de verão, perseguindo um ao outro e brincando com um objeto que jogávamos de um lado para o outro.

Numa outra ocasião, vi meu marido morrer. Estávamos entrando num barco, a correnteza do rio era forte, quando de repente ele caiu na água e foi arrastado para longe. Corri de volta para o acampamento e chamei meu filho, que vivia os primeiros anos da adolescência. O garoto desceu o rio para procurar o pai. Encontrou-o morto.

Assisti ao funeral. Veio uma porção de amigos. Eles tiraram o miolo de um tronco de árvore e colocaram o corpo do meu marido lá dentro. Eu o vesti com uma roupa nova de couro e coloquei um raspador de ossos dentro de um tronco de árvore escavado. As pessoas cantaram e choraram. Depois todos carregaram o corpo para um lugar próximo à nossa cabana e o enterraram.

Fiquei arrasada com a sua morte. Não só sentia falta da sua companhia mas também da sua proteção. O frio era intenso e precisávamos de toda a ajuda que pudéssemos conseguir na coleta e caça de alimentos e suprimentos. A região era pouco habitada, não havia chance de encontrar um outro parceiro, a não ser que uma das mulheres morresse e o marido ficasse disponível.

A última coisa de que me recordo é a de estar subindo uma colina rochosa com os meus filhos. Lembro-me disso e de uma sensação esvaecida de assombro com o que poderia acontecer com os meus filhos. Acho que devo ter morrido naquele momento.

Imediatamente percebi que aquela era uma vida totalmente oposta à que ela estava vivendo. Se durante toda a vida ela havia sido independente e intelectual, na regressão era muito fértil e dependente. Se realmente tinha vivido separada do mundo, na regressão ela confiava nele.

Ela ficou espantada com o que viu. A vida que levava era completamente oposta à atual — e certamente àquela que esperava encontrar numa regressão hipnótica. Ela não esperava por uma regressão dessa natureza, já que ser "mãe da terra" não era o tipo de imagem que ocupava o seu pensamento consciente. Fiz com que se lembrasse de que há sentimentos mantidos bem dentro de nós que freqüentemente não entendemos ou não desejamos explorar num nível consciente.

Os casos a seguir me fazem acreditar que as regressões a vidas passadas podem ser uma tribuna para a expressão do *alter ego.*

O questionamento da autoridade

Mike é filho do prefeito de uma pequena cidade e também estudante de direito ansioso por começar a sua prática. Prontamente ele admite que respeita a autoridade e até planeja algum dia entrar para o sistema político.

Não há nenhum caso de abuso de drogas ou de álcool na sua família, e ele próprio bebe muito pouco. Trago isso à tona — autoridade e álcool — porque sua regressão apresentava muito abuso em relação a esses dois fatores.

Eu estava simplesmente na Europa. Acho que foi entre 200 e 300 anos atrás, mas não tenho idéia exatamente de quando ou onde. Deve ter sido na Grã-Bretanha. Eu era um menino. Estava andando pelas ruas à noite e me lembro de ter ficado estarrecido com o número de lares em que o álcool era consumido. Por todas as janelas que olhava parecia haver alguém bebendo em cada sala.

Lembro de ter ficado muito preocupado. Minha mãe e meu pai tinham uns 30 anos, e quando subi até o lugar onde morávamos, pude ver que vivíamos na miséria. A moradia era pequena e tinha paredes cinzentas. Minha mãe era obcecada por religião e havia quadros de Jesus e da Virgem Maria por toda parte.

Meus pais estavam bêbados o tempo todo. Eu me sentia desesperado quando voltava para casa. Olhava para as ruas, e a cena era assustadora. Havia pessoas bêbadas deitadas nas calçadas. Por toda parte as condições sanitárias eram horríveis, as sarjetas eram utilizadas como esgoto para resíduos humanos. A cidade era uma sujeira medonha.

Uma coisa que me impressionou nessa vida foi a grande dificuldade que as pessoas tinham para se comunicarem umas com as outras. Sem telefone, as coisas parecem incrivelmente difíceis. Várias vezes notei outras pessoas sendo enviadas para ir buscar alguém ou para entregar uma mensagem escrita. Esses mensageiros estavam fazendo o trabalho do telefone!

O único incidente que demonstrou a dificuldade nas comunicações ocorreu quando vi um homem ser atingido por um cavalo e uma carruagem. Uma porção de gente se juntou ao redor e alguém foi enviado à procura de um médico. Pareceu que uma eternidade se passou antes que ele chegasse.

Esse lugar era muito barulhento e habitado por pessoas doentes, andando de um lado para o outro com todo tipo de moléstias.

Na cena a seguir, me vi numa igreja, com uns 12 anos de idade. Sentia-me terrivelmente só e tinha a impressão de que meus pais haviam morrido. Eu havia deixado a cidade e estava nessa igreja perguntando ao pastor se ali eu podia conseguir alguma ajuda. O pastor era um homem magro, pálido, de aparência doentia. Ele não me deu nenhuma orientação positiva; limitou-se a repetir alguns chavões bíblicos. Naquele momento da minha vida, tive a impressão de que as autoridades não sabiam nada mais sobre as coisas do que eu mesmo.

Depois avancei alguns anos. Vi-me trabalhando como aprendiz de sapateiro numa cidade pequena. O lugar era escuro e ficava alguns degraus abaixo da rua. Lá o cheiro de couro me impregnava. O sapateiro com quem eu trabalhava era um homem muito feliz. Tinha um filho de 12 anos que também estava aprendendo o ofício, e uma filha que às vezes vinha visitá-lo.

Sua esposa era uma mulher bondosa que adorava cozinhar para nós.

Nesse momento eu avancei no tempo. Tinha casado com uma moça que conheci num carnaval. Mudamos para uma outra cidade e estávamos montando a nossa sapataria. Era um lugarejo agradável, onde me tornei uma pessoa importante.

Mais uma vez avancei no tempo e pude me ver sentindo dores cruciantes. Eu me observava a distância. Não sei qual era a causa da dor, mas notei que minha esposa estava assustada, sem saber o que fazer.

Ela me levou a um médico, que não conseguiu responder a nenhuma de nossas perguntas sobre essa dor. Para mim, o médico era semelhante ao pastor que conheci na infância. Era imponente e, na verdade, não sabia nada sobre o que estava falando.

Alguns dias depois de ir ao consultório médico, eu me vi com a mão no abdômen, contorcendo-me de dor. Havia gotas de suor na minha testa. Era mais do que eu podia suportar.

Vi uma cena em que o médico recomendava a cirurgia, e eu sabia que não havia outra escolha. Fui levado ao hospital numa carruagem, junto com a minha esposa. Eu estava muito doente e preocupado, e a vista do hospital não ajudou muito. Era um edifício grande e lúgubre, com portões de ferro forjado.

Finalmente, vi-me numa sala de operações surpreendentemente lúgubre para os padrões modernos. Parecia não haver nenhum esforço para mantê-la limpa, embora isso não fosse motivo para preocupação naquele tempo, uma vez que os padrões de limpeza da época eram bem diferentes dos de hoje. Eu pensava na minha esposa e na sua segurança, caso eu morresse.

Quando eu estava na mesa de cirurgia, olhei para cima e vi o avental do médico manchado de sangue. Não havia anestésico. Fui amarrado à mesa e me disseram para ficar o mais calmo possível. Então ele começou a me cortar perto do estômago.

Senti um instrumento tosco me cortando. A dor era terrível, e depois não houve sensação nenhuma. Percebi que estava fora do corpo e fui até minha esposa, que se encontrava na sala ao lado. Eu não conseguia me comunicar com ela nem com ninguém. Finalmente, senti que vagava na direção de uma luz brilhante.

Havia muitas perguntas óbvias a serem formuladas sobre essa regressão: Mike era filho de um alcoólatra? Havia alcoólatras entre seus familiares mais próximos? Ele sentia aversão pela autoridade?

A resposta a todas essas perguntas era "não". Não havia alcoólatras na família. De fato, quando perguntei sobre o papel do álcool na sua família, ele disse que os pais nem sequer permitiam esse hábito em casa. Ninguém da família bebia. Eram todos metodistas radicais, professando a crença de que no lar não há lugar para o álcool.

Seus pais são muito rígidos e exigentes, quase que aficionados da pureza, como ele os descreve. O pai é prefeito de uma cidade pequena e espera que o filho seja médico ou advogado.

Mike tem as mesmas expectativas em relação a si próprio. Sua aparência é sempre meticulosa e ele se comporta como uma pessoa bem mais velha.

Acho interessante que a regressão apresente um ambiente descontrolado e desleixado. Realmente, a antítese do que ele é nesta vida. Também há duas ocasiões nessa regressão em que ele mostra desdém pela autoridade. A primeira é quando pede ajuda ao pastor e ouve apenas frases feitas; e a segunda quando não obtém do médico respostas objetivas sobre a sua doença. Isto acontece apesar do seu respeito pela autoridade na vida "atual".

Tudo isso combinado me faz pensar que Mike está explorando um estilo de vida alternativo. Nada na sua regressão lembra a sua vida atual. Naquela, seus pais são bêbados e o ignoram. Nesta, eles são muito sóbrios e controladores.

Sendo filho de um político, Mike está sujeito a grande carga de autoridade. Porém, muito da autoridade à qual ele está sujeito tem que ver com a carreira política do pai e não necessariamente com uma avaliaçao do que seja certo ou errado. Conseqüentemente, Mike vê muitas autoridades como uns "ignorantes" com mania de aconselhar.

Também há um problema de comunicação, aqui indicado pela dificuldade que as pessoas têm para se comunicar sem o telefone. Penso que isso está claramente relacionado com a dificuldade em fazer com que seus pais entendam seus sentimentos.

Uma vida de repressão

Brooke é uma mulher heterossexual, sem nenhum desejo expresso de ter experiências sexuais com outras mulheres. Ela tem um namorado firme e está feliz com esse relacionamento.

Na família, sempre foi encorajada a viver a vida plenamente, graças a um pai bem instruído e à mãe socialmente atuante. Por isso os resultados da sua regressão me surpreenderam.

Eu era uma jovem mulher e estava numa fazenda. Do alto de uma serra eu olhava para baixo, onde via a casa da fazenda. Do lado de fora, no jardim da frente, estavam os meus irmãos e irmãs. Por um lado eu sentia que fazia parte da fazenda, mas por outro lado eu precisava sair para explorar e conhecer o mundo.

Avancei no tempo e me vi com minha mãe, meu pai e os outros garotos. Eu ouvia atentamente o meu pai. Não me lembro de suas palavras, mas tive a impressão de que falava sobre a natureza de um modo quase reverente. Enquanto comíamos, ele nos dizia que o alimento era produzido pela interação do homem com a terra. O processo do cultivo nos possibilitava comer.

Ele era um homem religioso, quase um visionário.

Mamãe, por outro lado, pouco se manifestava. Era uma mulher retraída. Por mais que eu tentasse nessas regressões, nunca obtive uma imagem nítida da sua pessoa. A mais clara que consegui foi vê-la em segundo plano costurando roupa.

Avancei no tempo até os anos da minha adolescência. Eu estava no escritório do meu pai. Além de ser fazendeiro, ele costumava ler muito. Passava boa parte do tempo com os livros. Eu tinha curiosidade em relação àquele mundo. Queria aprender a ler, e isso era um problema para ele. Sua opinião era a de que as meninas não deviam ficar bisbilhotando os livros. Achava que meu lugar era na sala de costura, aprendendo o serviço com minha mãe.

Eu ficava muito nervosa. Era uma adolescente que não estava recebendo nenhuma educação formal. No entanto, eu tinha um forte desejo de penetrar no mundo dos livros. Ficava dominada pela tristeza quando olhava para eles. Sabia que não queria ser criada à imagem da minha mãe. Queria ser como meu pai.

Avancei alguns anos. Eu estava numa cidade de médio porte, para onde havia sido mandada pela minha família para me tornar governanta. A fazenda passava por tempos difíceis e meus pais tinham de se livrar de todos os filhos que pudessem.

Eu era governanta de duas crianças cujo pai era um homem de negócios, envolvido com vendas de seguros. A esposa era bem mais nova que o marido.

Nessa altura eu me sentia mais como um homem. Por causa disso, tinha muitos conflitos com a minha sexualidade. Lá no fundo, eu estava muito perturbada. Sentia-me uma aberração e tinha a certeza de que ninguém mais poderia ter esses sentimentos.

O conflito de identidade sexual pesou sobre mim durante toda a vida, mas se tornou um problema real quando vivi com esse casal. Com eles descobri que não estava só na atração pelo mesmo sexo.

Um dia, na sala de estar, a dona da casa fez uma aproximação sexual. As crianças haviam saído e ela sugeriu que deveríamos "experimentar". É claro que imediatamente fiquei interessada, pois achava que ninguém sequer pensaria numa possibilidade dessas.

Não me lembro por quanto tempo mantivemos esse caso, mas me recordo de quando minha permanência naquela casa chegou ao fim.

Um dia, eu estava sozinha com o marido dela e ele sugeriu que nos conhecêssemos melhor. Eu resisti, mas ele insistiu. O homem pôs o braço em torno de mim e tentou fazer com que eu sentasse no sofá com ele. Foi assim. Arrumei minhas coisas e saí naquele mesmo dia.

Depois disso fiquei meio perdida. Eu estava quase enlouquecendo. Aturdida, vaguei pela cidade durante um longo tempo. Vivia nas ruas ou em velhas pensões, até que o dinheiro acabou.

Finalmente, decidi que era incapaz de lidar com as dúvidas relativas à minha sexualidade. Resolvi me suicidar. Certa noite, saí e pulei de uma ponte no rio que atravessava a cidade.

Foi assim que morri.

Como já confirmei, sua vida atual não é de modo nenhum dramática. Ela não é lésbica e, de fato, tem muita intimidade com o namorado. Eles estão juntos há dois anos e têm uma vida sexual muito ativa.

Ela tem várias amigas pelas quais se afeiçoou com o tempo, mas nunca sexualmente.

Sua família está longe de ser uma família de fazendeiros. O pai é médico, tem um notável senso de humor e sempre a encorajou a buscar todo tipo de conhecimento. A mãe é uma pessoa ativa na comunidade, ocupa uma posição de destaque no grupo político feminino local, e já organizou várias solenidades cívicas.

Por que ela se identificou com um homem nessa regressão?

Por que fez amor com outra mulher?

Por que foi tão reprimida pelo pai nessa vida passada?

Por que, na regressão, sua mãe praticamente não tinha uma identidade?

Mais uma vez, acho que a regressão foi uma oportunidade de explorar um estilo alternativo de vida.

A teoria psiquiátrica diz que todos nós temos tendências homossexuais. A vida de Brooke tem sido de clara identificação com o papel feminino. Essa regressão é a sua maneira de "fazer o teste", de ver como é a vida para uma personalidade exatamente oposta.

Uma vida cálida numa terra gelada

O mesmo se aplica a Bill, um ex-clérigo que deixou o sacerdócio depois de chegar à conclusão de que era homossexual. Ele estudou em vários colégios religiosos e estava ascendendo na hierarquia eclesiástica antes de resolver renunciar.

Por causa da sua homossexualidade, ficou surpreso com o conteúdo da regressão, em que era um heterossexual vivendo numa antiga tribo indígena. Mas, como no caso de Brooke, vi a regressão de Bill como um meio de adotar um estilo de vida alternativo.

> Apareci no meio de um deserto no Pólo Ártico! Eu era um membro de uma tribo de esquimós. Olhei para a minha roupa e percebi que usava uma *parka** feita de peles de animal. Contudo, era tão frio onde eu estava que podia até sentir o rosto gelado durante a regressão.
>
> Numa das primeiras cenas, eu estava pescando num pequeno barco. Não pegava nada mas também não ficava muito angustiado com isso. Eu simplesmente me inclinava para trás e bebia diante daquele lindo céu azul, que parecia ainda mais azul em contraste com a brancura do chão. Nesse ambiente, eu sentia uma grande sensação de paz.
>
> Passei para uma cena onde me encontrava numa vila. Não era uma vila de iglus, como seria de se esperar, mas de choupanas, meio cravadas no solo.

---

* Camisa comprida com capuz, usada no Alasca e na Sibéria. (N. T.)

Entrei em casa. Lá eu vi a minha esposa. No contexto da minha vida atual, surpreende-me o fato de que eu fosse casado. Mas na regressão não fiquei nem um pouco surpreso. Sentia realmente o amor de um marido pela mulher. Deixe-me descrevê-la. Ela parecia surpreendentemente ocidental. Tinha cabelos longos e negros e a pele um pouco mais clara do que a das outras mulheres da tribo. Os ossos malares eram mais pronunciados e de um modo geral as feições faciais eram mais angulares do que nas outras.

Nessa civilização todos eram muito alegres e amistosos. Havia um grande senso de cooperação entre as pessoas. Todos trabalhávamos juntos, limpando e partilhando a nossa pesca. Havia um sentimento de que éramos nós contra a natureza. Embora ela fosse bela durante essa estação, todos sabíamos que poderia se tornar hostil. Brigar por qualquer razão que fosse não fazia sentido, e parecia que todos sabiam disso. Simplesmente nos roubaria um tempo precioso e precisaríamos uns dos outros para nos prepararmos para o inverno.

Eu tinha o mesmo sentimento de cooperação com a minha esposa. Essa cooperação era divertida, mas claramente atrelada à sobrevivência nesse ambiente por vezes hostil. De modo geral, acho que todos percebíamos a importância do equilíbrio para a nossa sobrevivência.

Vi a mim e à minha esposa em várias cenas diferentes. Numa delas estávamos amontoados sob pilhas de peles de animal, enquanto do lado de fora rugia uma tempestade de inverno. Foi uma tempestade brutal, mas conseguimos ficar aquecidos e ao mesmo tempo apreciar a companhia um do outro.

Numa outra cena, estávamos juntando peles para fazer roupas. A sensação era de felicidade e contentamento, enquanto tentávamos resolver como juntar aquelas peles de foca para fazer um bom casaco.

Eu amava muito essa mulher. Era maravilhoso estar com ela nesse ambiente de grande beleza natural. Desde a regressão, tenho desejado voltar para ela. Sei que tenho de encontrá-la, pois certamente éramos almas gêmeas nessa vida passada. Tenho certeza também de que nos encontraremos, de que fomos feitos um para o outro.

Dada a nossa constituição física e psicológica, os resultados da regressão de Bill foram menos surpreendentes para ele do que para mim. Mostrei a ele que, mesmo no mais homossexual dos homens, há curiosidade sobre o modo de ser heterossexual.

O inverso também é verdadeiro: o mais macho dos homens deseja saber sobre a vida homossexual. Eu vi o caso de Bill como a sua maneira inofensiva de explicar o mundo heterossexual.

O lado selvagem de Bobby

O pai de Bobby pertence ao serviço de inteligência da Força Aérea, e conseqüentemente a família tem viajado pelo mundo todo. Ele tem duas irmãs mais novas que, pelas fotografias que me mostrou, parecem ser do tipo loira alegre, chefe de torcida.

Bobby é compulsivamente meticuloso, cada fio de cabelo no lugar certo. É exigente com o vestuário e declara com orgulho que é "hiperorganizado".

Cito essas características porque na regressão de Bobby ele parece reconciliar-se com o lado selvagem da vida. Em vez de se ver com um avental branco, trabalhando com "algo científico e limpo", conforme esperava, Bobby se encontrou num ambiente completamente diferente. Eis aqui a sua experiência.

> "Eu estava numa campina, no alto das montanhas. Era uma criança, tinha entre 3 e 5 anos. Caminhava silenciosamente, como se me aproximasse sorrateiramente de alguma coisa.
>
> Havia outras pessoas ao meu redor nessa cena, e eu estava surpreso pelo modo como olhavam. A cabeça delas era maior, mais volumosa do que nos indivíduos da vida atual. Tinham também muito menos cabelo do que seria de se esperar em gente antiga que vivia num clima mais frio. Tive a impressão de que essa era uma história antiga, em algum lugar nos primórdios da humanidade.
>
> Caminhávamos na direção de um abrigo que dava para um rio. À nossa frente havia um campo coberto de lindas flores.
>
> Desloquei-me para uma cena em que me achava deitado em frente a um abrigo, ouvindo o cricrilar dos insetos. Olhei em volta e percebi que havia estacas enterradas no chão. Sobre elas, pilhas de destroços: três pernas e peles de animal.
>
> Avancei e pude ver um enorme animal peludo. Nesse momento eu estava aterrorizado. Queria fugir dessa criatura. Sen-

ti que descia um morro e depois apareci gradativamente numa outra cena.

Estávamos reunidos em volta de uma árvore frutífera. Éramos aproximadamente dez, e da perspectiva desta minha vida atual tive a impressão de que essas criaturas mal podiam ser definidas como pessoas. Em pé ao redor da árvore, olhávamos para a fruta que pendia sobre nossas cabeças. Eu queria apanhar um pedaço dela, mas não o fiz. Acho que estava esperando que algum outro tomasse a iniciativa.

Numa cena senti que rolava morro abaixo, com rochas e cascalhos se soltando e despencando à minha volta. Rolei durante o que parecia ser uma eternidade. Quando cheguei lá embaixo e me recuperei do estupor que uma pessoa experimenta ao levar uma surra, me vi olhando na cara de duas daquelas criaturas feias e disformes. Estavam apavoradas com a queda e era óbvia a sua preocupação com a minha integridade. Ficaram felizes ao me verem recobrar os movimentos.

À noite estávamos todos muito nervosos. Numa cena, o líder do grupo se dirigia constantemente para a entrada do abrigo e espiava para fora, inquieto. O restante se amontoava com medo do que lá poderia haver. Eu tinha a sensação de que em alguma ocasião no passado um membro da tribo havia saído na escuridão e nunca mais retornara. Desde então, acreditávamos que a escuridão devorava as pessoas.

Numa outra cena, eu era muito jovem e via lá embaixo, no vale, uma horda de animais. Eram animais que nunca víramos antes. Eram parecidos com aquilo que conhecemos como búfalos. Eu queria continuar observando esses animais, mas o resto da tribo não se interessava. Eles simplesmente seguiram adiante.

No último dia da minha vida, eu caminhava, sentindo-me muito doente. Tive febre alta e não pude acompanhar os membros da tribo quando foram procurar comida. Finalmente, me deitei num campo. Eles me apanharam e me levaram de volta para o abrigo. Alimentaram-me e cuidaram de mim, mas seus esforços de nada adiantaram. Os dias se passavam e eu ficava cada vez mais fraco. A febre aumentou e o meu medo cresceu, pois eu não sabia o que estava acontecendo. Por fim, soltei um longo suspiro e morri.

A última coisa que vi nessa vida foi os membros da tribo empilhando galhos e folhas sobre o meu corpo.

Bobby ficou um tanto perplexo com o conteúdo dessa regressão, mas o objetivo se tornou bem claro. Essa experiência deu a ele a oportunidade de descobrir como era a vida sem nenhum controle.

Ele apreciou a chance e também gostou da idéia de que esse estado selvagem existia em algum recanto dentro dele.

Ken, o feminino

Ken é um jovem de porte atlético que vive numa cidade grande e trabalha na empresa de seguros da família. Tem uma vida sexual saudável e se identifica claramente com o ponto de vista masculino.

Eu enfatizo esse aspecto sexual porque a regressão de Ken o conduziu a uma vida passada em que ele era mulher. Eis aqui a história.

> Nessa regressão eu era uma mulher.
>
> Na primeira cena eu estava enrolada num cobertor. Minha mãe descia uma montanha íngreme, carregando-me nos braços. Eu podia ver as montanhas verdejantes e os cumes cinzentos ao longe.
>
> Estávamos descendo uma rampa e atravessando um violento curso d'água. Íamos na direção de casa, uma grande estrutura de pedras achatadas, teto plano e enormes vigas de madeira. Minha mãe me carregava de modo um tanto precário, mas eu não estava com medo. Tinha a impressão de que ela já percorrera esse caminho muitas vezes e me sentia bem segura em seus braços.
>
> Apesar dessa sensação de segurança, enquanto caminhávamos para casa, eu chorava. Minha mãe tinha no rosto grandes e horríveis marcas vermelhas que me assustavam.
>
> Nessa cena ela usava um vestido muito escuro e contas coloridas no cabelo. A despeito de minhas lágrimas, ela estava feliz e cantava alegremente.
>
> Numa outra cena, eu descia a montanha correndo. Meu avô estava chegando. Ele apareceu na estrada e eu não via a hora de encontrá-lo, pois nos bolsos de sua capa sempre havia doces para mim. Desta vez, era um doce com mel, açúcar e nozes, to-

do enrolado formando uma bola. Coloquei-o logo na boca e tentei engoli-lo de uma vez. Ele ria de mim, enquanto eu pelejava com a boca cheia daquele doce grudento.

Olhei para além do meu avô e vi meu pai trabalhando no vale. Parecia que ele estava sempre trabalhando e que seu trabalho rendia. Os campos abaixo de nós estavam repletos de canteiros verdes cultivados pelas suas mãos.

Pude me ver com 12 anos de idade. Eu estava sentada perto de um tear e minha mãe me ensinava a tecer. Esta foi uma imagem fugaz. Depois avancei até os 14 anos e me vi numa estrada olhando os estrangeiros que vinham de muito longe. Eu estava entusiasmada com eles, pois era a primeira vez que percebia algo do mundo além do vale.

Aqueles homens tinham a pele bem escura. Um deles tirou um pente do bolso e disse que era para o meu cabelo. Depois tiraram uma máquina dos seus pertences e lhe deram corda. Era um velho fonógrafo que reproduzia a voz de um homem cantando. Quando ouvi isso, caí no chão e comecei a rir incontrolavelmente. Eu ria muito e dizia a eles que aquilo era magia.

Avancei até a época da minha vida de casada. Vi o dia do casamento e senti a felicidade de me unir ao meu marido. Estávamos dançando juntos na festa do nosso matrimônio, realizada na parte externa da casa da minha família, naquele belo vale montanhoso. Eu sentia que viveríamos uma vida de agricultores. Muito vagamente percebia que estaria tendo filhos num futuro próximo.

Avancei até o dia da minha morte. Meu corpo estava todo inchado, especialmente debaixo dos braços e no estômago. Eu sentia calor e transpirava muito. Vi meu marido chorando e todos os meus filhos em volta de mim. A última coisa de que me lembro foi que tentei consolar meu marido. Ele estava pesaroso, pois teria de continuar a vida sem mim.

Qual o significado disso? Na verdade é um mistério. Não havia nenhum conteúdo ou conflito sexual sugerindo que Ken estivesse combatendo sua identidade sexual. Antes, sua vida parecia tranqüila e agradável, sem a violência e a insatisfação expressas em muitas outras regressões.

No entanto, eu tinha de concluir que ele estava explorando sentimentos alternativos. Ken concordou. Depois da regressão, admitiu francamente certa curiosidade em relação às sensações experimentadas pelo sexo oposto. Reconheceu que talvez não estivesse tão frustrado por ter sido uma mulher nessa regressão.

O que o deixou frustrado foi o contexto. Por que ele estava numa comunidade nas montanhas, como parte de um núcleo familiar? Aquilo fazia menos sentido para ele do que o fato de ter sido mulher.

Mas era assim.

Chet, o salteador

O pai de Chet é professor de literatura numa faculdade do sul. Seu avô é literalmente dono da cidade onde ele vive. Chet teve problemas com a lei só uma vez, e isso foi quando estava no colégio e ele foi preso, junto com vários outros estudantes, por causa do abuso de bebidas (ele era menor de idade).

Chet tem porte atlético e lê vários livros por mês.

Enquanto muitas pessoas que fazem regressão não têm idéia do país onde se encontram, Chet sentiu imediatamente que estava na Inglaterra, onde era bandido. Ele tinha a sensação de ter uns 15 anos e de ser bom na profissão que havia escolhido.

> Pude ver muitas cenas em que eu roubava dinheiro das pessoas.
>
> Saí detrás de uns arbustos e me defrontei com um homem gordo e bem-humorado que cavalgava pelos campos. A princípio ele riu ao ver alguém tão jovem tentando praticar assalto. Então, quando ele me viu engatilhar a pistola, percebeu que eu estava falando sério. Com um braço levantado ele pôs a mão no bolso do casaco e puxou a carteira. Mandei que a jogasse no chão e depois disse a ele que fosse embora.
>
> Numa outra cena, eu estava diante de uma carruagem que levava duas mulheres suntuosas em seu interior. Agarrei os cavalos e disse ao condutor que o mataria se as damas não entregassem as jóias. Elas gracejaram dizendo que talvez ele não valesse pelas jóias. Perguntaram se podiam pensar um pouco. O homem implorou junto a elas até que finalmente, aborrecidas, tiraram os colares e os jogaram no chão. Então eu os deixei partir.
>
> Quando eu tinha uns 23 anos, ocorreu uma cena de violência. Parei um coche e ordenei a todos que saíssem e ficassem na estrada. Um dos passageiros disse que não me daria nada, mes-

mo que eu o matasse. Empurrei-o e, como isto não funcionou, atingi-o na cabeça com o cabo da minha arma.

Devo tê-lo golpeado com muita força, pois ele caiu e o sangue escorreu da ferida denso e em profusão. A cena me causou mal-estar e eu fugi do local do roubo, voltando para a floresta, onde vomitei.

Tive a sensação de ter perdido a coragem depois disso e de não mais apreciar a profissão que escolhera.

Na cena seguinte, eu me encontrava em Londres, onde estava prestes a ser enforcado. Era espantoso que a multidão torcesse por mim, enquanto me conduziam para o patíbulo. Tentei ser corajoso, mas estava apavorado com a morte iminente. Fiquei em pé no patíbulo e chorei, enquanto colocavam o laço no meu pescoço. Isso é tudo de que me lembro.

Ninguém da família de Chet jamais teve problemas com a lei nem manifestou as atitudes mostradas durante a regressão. Depois de muita discussão, concluímos que esta era uma maneira de Chet explorar sentimentos alternativos.

Ele admitiu que sempre quis saber como seria viver do outro lado da lei. Isto era mais do que simples curiosidade subconsciente de sua parte. Chet havia pensado com freqüência sobre o funcionamento da mente criminosa.

Mas, como aconteceu com Ken, o estilo de vida não o surpreendeu tanto quanto o contexto. Por que a Inglaterra, provavelmente no século XVII ou XVIII? Para Chet, este era o verdadeiro mistério.

A mente que adquire personalidades

Todos esses exemplos, e muitos outros, me convencem de que temos um mecanismo mental que parece nos ajudar a explorar diferentes possibilidades.

Sei que esse mecanismo existe porque algumas vezes tenho orientado alguns dos meus pacientes mais neuróticos no sentido de "adquirir uma personalidade". Se não gostam do jeito como eles são, sugiro que "façam umas compras" e adquiram características de outras pessoas, incorporando-as em sua própria personalidade.

Enquanto puderem fazê-lo com sinceridade, sem assumir características neuróticas, acho ótimo.

De qualquer forma, nós fazemos isso quando crianças. Selecionamos qualidades de nossos pais, irmãos, irmãs e amigos. Às vezes essas características adquiridas nos atormentam mais tarde na vida. Por exemplo, os filhos escolhem traços que desprezam nos pais. O velho ditado "Você se transforma naquilo que você mais odeia" aplica-se ao modo como os filhos imitam os pais.

De uma perspectiva mais madura como adultos, podemos adquirir características mais conscientes. Ao fazê-lo por livre escolha, podemos ser mais felizes e realizados.

Por exemplo, certa vez trabalhei com uma paciente que não tinha muita personalidade. Ela vinha de uma família grande em que a individualidade não era enfatizada. Conseqüentemente, sua personalidade era muito meiga.

A falta de um senso de identidade a deixava tensa. Quando a aceitei como paciente pela primeira vez, suas unhas estavam quase totalmente roídas. Imediatamente ela expressou raiva em relação à família, admitindo de pronto que não tinha amigos, e que não gostava de ninguém em particular. Achei que essa atitude dizia mais sobre a concepção dela sobre si mesma do que sobre a maneira como se sentia em relação ao mundo à sua volta.

Eu simplesmente disse a ela que devia adquirir uma personalidade. Como naquela ocasião estava morando num alojamento da faculdade, sugeri que começasse por aí. Havia pessoas atraentes ao seu redor; portanto estimulei que adquirisse as características de sua preferência.

Isto lhe serviu como uma boa terapia. Toda vez que vinha ao meu consultório, mostrava uma nova característica. O resultado final foi uma felicidade recém-encontrada na vida, pois agora era capaz de se tornar uma pessoa com alguma identidade.

Regressões a vidas passadas podem representar essa forma de adquirir personalidade, permitindo que algumas pessoas experimentem outros papéis, sentimentos e modos de ser, sem ter de exibir exteriormente um comportamento diferente. O que quer que sejam na realidade, as regressões a vidas passadas nos ajudam a explorar sem riscos as potencialidades de nosso ser.

7

Serão Lembranças Ocultas?

Duas explicações freqüentemente apresentadas para as experiências de vidas passadas são a criptomnésia e a xenoglossia, ambas representando a recordação da lembrança oculta nas profundezas da mente.

Embora justifiquem as imagens e a recordação constantes em algumas regressões, de nenhum modo representam uma explicação geral para essas experiências. De fato, acho que na verdade elas fundamentam muito poucas explicações.

Não obstante, vale a pena examiná-las como uma pequena parte do fenômeno das vidas passadas.

A recordação da criptomnésia

Criptomnésia é o ato de nos lembrarmos de algo que esteja profundamente entranhado no nosso banco de memória. Quando essa informação retorna à consciência, geralmente emerge como um produto criativo. Isto significa que pensamos nele como algo inventado e não como algo que tem origem na memória.

Uma excelente descrição de criptomnésia é dada por Melvin Harris no seu livro *Investigating the Unexplained* (Buffalo, N.Y.: Prometheus Books, 1986). Ele define as regressões a vidas passadas como "exemplos fascinantes de criptomnésia" (uma definição com a qual não concordo) e continua explicando por quê:

Para entender o que é a criptomnésia, temos de entender a mente subconsciente como um vasto depósito de informação mental. Essa informação vem de livros, jornais e revistas. De palestras, televisão e rádio. Da observação direta e até de fragmentos de conversas ouvidas por acaso.

De acordo com as circunstâncias do dia-a-dia, muito desse conhecimento não está sujeito à recordação normal. Mas há ocasiões em que algumas dessas lembranças recônditas são espontaneamente ressuscitadas. E em alguns casos ressuscitam de forma desconcertante, uma vez que suas origens estão totalmente esquecidas. Isto é a criptomnésia propriamente dita.

Por terem sido esquecidas as origens, pode parecer que a informação não possui nenhuma ascendência, sendo confundida como algo recém-criado.

A falecida Helen Keller foi tragicamente enganada por essa fantasia criptomnésica. Em 1892 ela escreveu a encantadora história chamada *The Frost King*, publicada e aplaudida. Mas dali a alguns meses, revelou-se que a composição literária de Helen era simplesmente uma versão modificada de *The Frost Fairies*, publicada 29 anos antes.

Helen Keller não tinha lembrança consciente de alguma vez ter ouvido falar nessa história. Ela era cega e surda, completamente dependente dos outros em termos de conhecimento. Mas investigações revelaram que de fato uma amiga havia lido em braile algumas histórias da sra. Canby, em 1888. *The Frost Fairies* estava entre elas.

Quando isso se tornou público, Helen ficou arrasada. Ela escreveu: "A alegria abandonou o meu coração. Eu própria me desonrei. No entanto, como foi acontecer? Quebrei a cabeça até ficar exausta, tentando recordar algo que tivesse lido sobre *The Frost Fairies* antes de escrever *The Frost King*. Mas não consegui me lembrar de nada."

Outros autores caíram na mesma armadilha, como testemunhou Samuel Rosenberg, que trabalhou para a Warner Brothers como consultor literário para casos de plágio. Ele menciona o valioso conselho que lhe foi dado pelo seu supervisor legal: "Não se deixe enganar pelas semelhanças às vezes espantosas que encontrará quando comparar dois filmes, duas peças de teatro, dois livros ou dois roteiros cinematográficos, sejam eles quais forem. Durante os últimos 25 anos, fizemos centenas dessas comparações com vistas a julgamentos em tribunais. E, num grande números de casos, descobrimos que ambos os autores querelantes

— cada um convencido de que era honesto e o outro um ladrão de idéias — haviam copiado suas tramas, idéias e seqüências de um clássico literário anterior, da Bíblia ou de alguma história infantil já esquecida.''

Igualmente, muitos escritos involuntários, que se supõe de autoria de espíritos desencarnados, tiveram suas origens identificadas com obras publicadas. Por exemplo, em relação às peças do grande Oscar Wilde, do final dos anos 20, aos poucos se demonstrou que derivavam de muitas fontes impressas, incluindo obras do próprio Wilde.

Concordo em parte com essa afirmação. Muitos dos casos mais elaborados, em que uma pessoa se lembra, com muitos detalhes, de uma sociedade do passado, podem estar associados a esse fenômeno. Verifiquei alguns desses casos na minha prática.

Todavia, não acredito que tal fenômeno seja uma explicação suficiente para as imagens de todas as regressões. Como já disse, há muito mais casos que nada têm a ver com criptomnésia do que o inverso. No entanto, mostrarei alguns casos de criptomnésia da minha prática terapêutica para que o leitor se familiarize com eles.

O índio em 8 mm

Ted, psicólogo numa pequena cidade do sul, tentou fazer uma regressão hipnótica por curiosidade. Ficou surpreso ao verificar que os resultados foram um vívido retorno a uma vida na qual fizera parte de uma antiga tribo de índios do sudoeste. Eis aqui a sua regressão. A parte da criptomnésia vem depois.

> Eu me vi cercado de construções de pedra. Não havia mais ninguém por perto, mas as construções pareciam novas e habitadas.
>
> Podia caminhar por essa vila. Havia edifícios redondos que instintivamente eu sabia serem lugares religiosos. O chão era cavado e as janelas dispostas de tal forma que a luz fluía majestosamente. Olhei ao redor e segui em frente.
>
> Numa cena, eu me abaixava para entrar num recinto. Era uma moradia. Tive a impressão de ser a minha moradia.
>
> Numa outra cena eu estava sobre um monte de terra, no meio dessa vila. Olhava as montanhas ao redor, as colinas verdes e os

vales que se estendiam na paisagem luminosa do sudoeste. Senti-me livre e como se pertencesse àquele lugar.

Ted ficou frustrado com a experiência de regressão. Não esperava nada disso e não sabia o que fazer. Por que um índio? Por que um fragmento de uma vida passada que parecia não ter significado senão para as imagens atuais? Ted estava perplexo.

A fonte dessa "vida passada" foi-lhe revelada acidentalmente. Um dia, ele estava visitando os pais, e sua mãe o convenceu de que deveriam ver alguns velhos filmes da família que ela encontrara numa estante.

Quando a família sentou para assistir àqueles rudimentares filmes de 8 mm, Ted ficou espantado ao ver a sua regressão na tela! Ele havia recordado uma viagem que a família fizera a uma comunidade indígena em ruínas, no sudoeste, durante uma travessia de carro pelo país.

"Estava tudo lá", disse ele. "A área redonda que eles usavam para as cerimônias religiosas, a moradia, as montanhas distantes, tudo exatamente como eu vi."

Mark Twain revisitado

Durante a regressão, um outro paciente se viu como Mark Twain. Isto não foi surpresa para as pessoas próximas a ele, que freqüentemente observavam quanto o seu humor lembrava o de Mark Twain. No entanto, o paciente ficou surpreso, pois ele nunca tinha lido Twain, nem mesmo havia assistido a algum filme baseado na sua obra.

As pessoas costumavam apontar as muitas semelhanças entre a sua vida e a do grande escritor norte-americano. Em primeiro lugar, ele adorava ficar na varanda, sentado numa cadeira de balanço. Tinha esse costume desde a infância e nunca se cansou dele. Twain também apreciava as cadeiras de balanço.

Outra coisa de que gostava era sentar na varanda e ouvir as pessoas contar histórias. A todos ele encorajava a contar-lhe casos. Twain, e isso lhe era freqüentemente dito, fazia a mesma coisa.

Da infância ele se lembrava de um incidente traumático, semelhante àquele que aconteceu com Twain. Seu tio entrou em casa contando sobre um homem que havia morrido na cadeia local. O homem ficara bêbado — um delito na época punido com a prisão — e foi colocado atrás das grades, onde passaria a noite. Nesse dia, a cadeia pegou fogo e o homem morreu queimado.

Meu paciente se recordou de que ao ouvir a história começou a chorar. Por alguma razão, ele se culpou pela morte do homem e estava chorando devido a um esmagador sentimento de culpa.

Mal sabia ele que Twain assumiu uma responsabilidade semelhante por um incidente em que um rapaz morreu da mesma maneira, no incêndio de uma prisão.

Num certo momento de sua vida, esse paciente também tentou comprar uma fazenda na Virgínia. Próximo à casa, havia uma colina que ele achou tão inspiradora que decidiu contratar um arquiteto para desenhar um escritório de oito faces no alto da colina. Só mais tarde é que descobriu que Twain tinha trabalhado num escritório de oito faces, de desenho semelhante, na sua casa em Connecticut.

Numa outra ocasião esse homem estava atravessando uma ponte no sul. Ele se virou para olhar o rio e de repente teve um lampejo de que *era* Mark Twain descendo o rio num barco a vapor.

Esse paciente — um médico de profissão — era também, nas horas vagas, um escritor de ficção humorística. Muitas vezes depois de terminar uma história, ele achava que tinha imitado as de Twain. Por exemplo, uma das composições tratava de gêmeos siameses, um tema de grande interesse para Twain.

Ele ainda se lembra de ser fascinado por astronomia desde quando era pequeno, agarrando-se a quem quer que lhe pudesse falar algo sobre os céus. Fascinavam-no especialmente os cometas. Ele costumava ir atrás da avó perguntando sobre o cometa Halley. Twain também era fascinado por astronomia e especialmente por esse cometa. Chegou até a prever com acerto que sua morte ocorreria quando esse fenômeno astrológico voltasse a ser visto no mundo.

Fiz uma regressão com esse homem, pedindo-lhe que voltasse à sua vida anterior mais recente. Ali mesmo no sofá, ele "se tornou" Mark Twain. Devo dizer que era como ter Twain — ou um fac-símile dele — ali na sala.

Isso foi um exemplo de reencarnação?

Conforme foi revelado, não. Esse homem tinha sido forçado a ler uma grande quantidade de obras de Twain na escola. A experiência deve ter sido de alguma forma traumática, pois se esquecera completamente de que havia estudado as obras do autor. Porém, subconscientemente ele selecionou durante a regressão vários dos traços e preferências de Twain e até recordou muito das obras e da vida do autor, como se fossem coisas suas.

Seguramente, a verdade é mais estranha do que a ficção!

Xenoglossia

Às vezes, as pessoas que se submetem a uma regressão a vidas passadas começam a falar numa língua ''diferente''. Há ocasiões em que essa língua é inteligível, como nos casos em que a pessoa fala em francês ou em alemão, por exemplo. Outras vezes é uma língua que não pode ser compreendida, e que possivelmente não passa de um ''blablablá'' sem sentido.

Como isso acontece, é um mistério. Alguns pesquisadores dizem que a pessoa teve de ser exposta em alguma ocasião à língua que estava falando, se não por aprendizado formal, então por ouvi-la talvez no rádio, ou mesmo numa mesa próxima à sua, num restaurante.

Se a língua é incompreensível, mas apresenta padrões de linguagem, então os terapeutas mais tradicionais diriam que o sujeito está "falando línguas", o que geralmente é definido como sons ininteligíveis proferidos sob a influência de excitação mística ou religiosa. Alguns terapeutas de vidas passadas poderiam acreditar que o indivíduo está falando numa língua "morta".

A xenoglossia não é incomum nas regressões a vidas passadas. De tempos em tempos, o paciente fala outros ''idiomas'' ou línguas ''mortas'', ou mesmo o francês. Quando isso acontecer, o terapeuta, tranqüila e serenamente, deve pedir ao paciente que faça a tradução. Assim estará induzindo-o a falar na sua língua nativa.

Um dos exemplos mais curiosos de xenoglossia na terapia de vidas passadas de que tive conhecimento aconteceu com um hipnoterapeuta que deseja permanecer anônimo.

Quando vivia no sudoeste, ele fez regredir hipnoticamente um famoso artista índio. Quando este voltou a uma vida passada, começou a falar num francês fluente. O hábil terapeuta lhe pediu que traduzisse, e com um forte sotaque francês o artista se pôs a descrever sua vida em Paris.

Com riqueza de detalhes, ele disse ser um compositor sem renome que trabalhava o dia todo nas suas músicas e passava noites deprimentes em pequenos cafés parisienses.

Contou sua vida ao hipnoterapeuta do começo até o fim. E em qualquer momento do monólogo era capaz de voltar a falar em francês.

O hipnoterapeuta não conseguiu encontrar nenhum momento na vida desse homem em que ele tivesse sido exposto à língua francesa. Para os que acreditam, este seria um caso óbvio de reencarnação. Os céticos, no mínimo, o classificariam como xenoglossia.

Além do mais, o hipnoterapeuta conseguiu descobrir o nome do compositor. Ele encontrou referências a esse homem e à sua obra numa biblioteca musical. Isto foi tudo o que havia afirmado ser na regressão: um compositor menor que fazia músicas medíocres. Mais uma vez, reencarnação ou criptomnésia?

O famoso terapeuta de regressão Paul Hansen afirma ter se deparado muitas vezes com a xenoglossia. Se a língua usada for uma daquelas conhecidas pelo psicoterapeuta poliglota, Hansen responderá no mesmo idioma. Freqüentemente, os pacientes respondem na língua que estão falando na regressão.

Hansen e a maioria dos terapeutas de vidas passadas com quem falei acreditam que "às vezes" esses casos são exemplos de reencarnação. Também acreditam que às vezes não são. Geralmente, a exposição do paciente a uma língua estrangeira pode se dar na terapia que se segue à regressão. Então a experiência pode ser facilmente dividida entre xenoglossia e "outras".

Estados hipnagógicos

Um outro estado mental a que freqüentemente são atribuídas as regressões é o da hipnagogia, o estado que existe entre a vigília normal e o sono.

É conhecido como estado crepuscular, o que significa que o indivíduo não está nem adormecido nem totalmente desperto. Essas alucinações são diferentes dos sonhos. Nestes, participamos dos eventos como se estivéssemos plenamente envolvidos por eles. Na hipnagogia, a pessoa observa o que está sendo apresentado pelo seu inconsciente, mas geralmente tem consciência do ambiente real.

Uma grande porcentagem da população normal tem experiências com imagens nítidas no momento do sono. Às vezes elas assumem formas coloridas, ou se apresentam como distorcidos eventos surrealistas.

Noutros casos, as imagens hipnagógicas tomarão a forma de pequenos dramas. As pessoas vêem cenas e rostos empenhados em vários tipos de atividades. Por exemplo, uma paciente que chamarei de Patty teve uma regressão nítida e inesperada, na qual ela era um sacerdote no Japão medieval. Sua experiência ocorreu mediante o uso de uma bola de cristal, ou da *cristalomancia*. Olhar atentamente para um cristal proporciona a mais segura entrada no estado de hipnagogia. Eis aqui seu relato.

> Vi um complexo de casas situadas perto de uma ponte que cruzava um rio. Eu sabia que estava no Japão pela aparência das construções.
>
> Nessa vida, eu era um homem. Quando entrei nela, tinha aproximadamente 40 anos. Estava trabalhando em algo parecido com um manuscrito, o que me fez pensar que eu era um sacerdote nessa cidade.
>
> Num certo momento, eu caminhava por uma estrada na companhia de dois homens mais jovens vestidos de monges. Percorríamos uma estrada toda arborizada. As árvores eram imponentes e belas. Enquanto eu olhava para a bola de cristal, as árvores realmente passavam por mim como se eu estivesse assistindo a um programa de televisão em três dimensões.
>
> A cena seguinte não foi tão bonita. Vi a cidade onde eu estava ser consumida pelo fogo que ardia em toda parte. Pude ver as chamas se erguendo e as pessoas correndo e chorando. Senti pena delas, mas de minha perspectiva sabia que seguiriam para uma outra existência.
>
> Mesmo assim, senti pena. Depois do incêndio, tive de lidar com muita gente deprimida e triste por causa do que haviam perdido no incêndio. Ao observar essa cena, senti uma real neces-

sidade de aprender mais sobre como ajudar as pessoas em caso de desastres e de eventos estressantes.

Nesse momento fui levado a presenciar as últimas cenas da minha vida. Eu me vi numa casa, deitado e cercado de pessoas da comunidade. Era um velho. Levantei-me, olhei para baixo e pude ver uma enorme inchação na parte direita do abdômen. Não sei o que era. Sei que me sentia fraco e delirava.

Enquanto eu estava deitado ali, pude relembrar minha vida com ternura. Nela houve muita paz e alegria.

A experiência de Patty se encaixa na definição de hipnagogia. Para começar, as imagens vistas na bola de cristal eram anormalmente nítidas. Mais tarde ela descreveu várias cenas como brilhantes, quase resplandecentes.

Outras pessoas descrevem as alucinações hipnagógicas como imagens ou padrões que se alteram muito depressa. Alguns vêem cenas cambiantes como se estivessem olhando imagens de um projetor de *slides*. Há quem veja faces horríveis e demônios, porém poucos dizem estar apavorados.

De onde vêm?

Quando nos aproximamos de um estado de sonolência, estamos num nível em que as imagens parecem fluir constantemente.

Os estados hipnagógicos estão associados à criatividade. Alguns dos grandes gênios criativos da humanidade aprenderam a penetrar nesse estado para resolver seus problemas de criatividade. Eles simplesmente fecham os olhos e relaxam. As imagens fluem.

O químico Kekulé é um exemplo famoso. Ele pesquisava a estrutura do composto orgânico benzeno, então um mistério, pois ninguém conseguia determinar como os seis átomos de carbono de que é formado estavam ligados.

Numa noite, enquanto trabalhava nesse problema, ele cochilou numa poltrona da sala, entrando em estado hipnagógico. Quando olhou à sua frente, viu imagens parecidas com serpentes que rodopiavam no ar. Enquanto observava, as serpentes se endireitaram, se viraram e, mordendo a cauda umas das outras, formaram um círculo.

A partir disso ele imaginou que o benzeno tinha a forma de um anel.

Thomas Edison foi outro pensador que usou essa técnica no seu processo criativo. Seus colegas sabiam que quando tinha um problema que não conseguia resolver, Edison tirava uma soneca no escritório. Lá ele se sentava numa cadeira em que podia se recostar e entrar no estado hipnagógico para obter soluções.

Mas ele enfrentava o problema de que é muito fácil cair no sono a partir do estado hipnagógico. Uma vez adormecido, a tendência é esquecer as imagens dessa experiência. Para superar esse problema, o inventivo Edison arrumou um jeito de despertar na hora H. Ele segurava uma bola de aço em cada mão. Em ambos os lados da cadeira colocava bacias de metal. Quando começava a sair do estado hipnagógico, entrando no sono, suas mãos relaxavam e as bolas caíam nas bacias, fazendo barulho. Então ele acordava, geralmente com a solução para o problema.

Inclino-me a acreditar que as imagens das regressões a vidas passadas às vezes vêm do estado hipnagógico. Quando se entra nesse estado, a tendência é aparecerem imagens muito coloridas e complexas. Sou da opinião de que a hipnose de regressão — especialmente o método da bola de cristal — freqüentemente conduz a pessoa ao estado hipnagógico.

Algumas respostas e mais perguntas

Mas será que esses três estados — criptomnésia, xenoglossia e hipnagogia — explicam a fonte de todas as regressões a vidas passadas? Eu penso que não. Embora ajudem a explicar algumas das características inerentes às investigações de vidas passadas, esses estados estão presentes numa porcentagem muito pequena dessas experiências.

Não obstante, servem para explicar alguma coisa do mistério das vidas passadas.

8

As Vidas Passadas Têm Ligação com nossos Mitos Pessoais?

Algumas curiosas pesquisas em psicologia mostram que cada um de nós vive um mito pessoal. Assim como o ator num palco assume certos papéis, o mesmo acontece conosco. Somos uma espécie de ator no palco da vida.

Muitos pesquisadores têm verificado que esses mitos são tão semelhantes àqueles dos gregos antigos que podem ser comparados pelo nome. Assim, há pessoas cujas vidas são de algum modo afins com a de Atena, por exemplo, a sábia deusa dos ofícios femininos, que freqüentemente atuava como pacificadora (isso descreve muitas mulheres que conheço). Ou há muitos que se parecem com Apolo, que se colocam no papel de profeta ou poeta. Esses mitos pessoais ajudam a moldar a vida de uma pessoa, permitindo-lhe entender melhor suas metas e objetivos.

Embora esses pesquisadores não tenham lidado com regressões a vidas passadas, sou da opinião que o mito pessoal transparece em muitas dessas experiências, especialmente se a reencarnação não é aceita. As histórias e imagens que compõem essas regressões podem ser metáforas para a maneira como as pessoas se vêem. Devidamente analisados, podem ajudar o terapeuta a entender o paciente e este entender a si mesmo.

Os mitos são os mesmos

O recém-falecido mitólogo Joseph Campbell achava que os mesmos personagens podem ser encontrados nos mitos de culturas de todo o mundo, dos gregos antigos aos índios navajos. Esses personagens universais são vistos até nos filmes de hoje. Por exemplo, Campbell observou que o Rei Artur da Távola Redonda vive hoje na forma de Luke Skywalker, de *Guerra nas Estrelas*. Hércules foi ressuscitado como *Rambo* e Afrodite como a bela sereia de *Splash*.

Conforme expressou Campbell no seu clássico *O Herói de Mil Faces*, ''a última encarnação de Édipo, a continuação do romance *A Bela e a Fera*, encontra-se nesta tarde na esquina da Rua 42 com a Quinta Avenida, esperando a mudança das luzes do semáforo''. Significando com isso, é claro, que os personagens do mito estão todos à nossa volta, sempre se repetindo em formas ligeiramente diferentes.

Isso quer dizer também que eles estão dentro de cada um de nós.

O dr. Dan McAdams da Universidade Loyola, em Chicago, perscruta a mente inconsciente fazendo com que as pessoas contem sua história em sessões de duas horas. Ele as examina durante essas sessões, focalizando os principais eventos e os personagens mais importantes em suas vidas.

McAdams e seus colaboradores analisam a transcrição das entrevistas gravadas com relação aos temas coerentes em cada uma das histórias. Seguindo esse processo, ele é capaz de propor o personagem mítico que se encontra no centro da vida de uma pessoa. Os psicólogos junguianos chamam essa pessoa mítica de *arquétipo*. McAdams a chama de *imago*.

Embora McAdams reconheça que poderia utilizar os personagens míticos de muitas culturas (mesmo de Hollywood), ele escolhe os dos gregos antigos, pois são mais conhecidos. Eis aqui as imagos ou arquétipos que ele usa e a definição de cada um:

Apolo, o curador: profeta, artista, protetor, organizador, legislador.

Atena, a conselheira: juíza, terapeuta, professora, guia, pacificadora.

Prometeu, o humanista: defensor dos fracos, revolucionário, evangelista.

Zeus, o governante: juiz, conquistador, sedutor, criador, sábio, celebridade.

Hermes, o viajante veloz: explorador, aventureiro, trapaceiro, agitador, persuasor, jogador, empreendedor.

Ares, o guerreiro: lutador, soldado, policial.

Deméter, a protetora: altruísta, mártir.

Hera, a amiga leal: cônjuge, companheira, amiga íntima, confidente, irmã, ajudante.

Afrodite, a amante: encantadora, sedutora.

Héstia, a dona de casa: doméstica, ritualista.

Hefesto, o assalariado: artesão, trabalhador.

Dioniso, o escapista: bon vivant, hedonista, artista, epicurista, criança.

Esses arquétipos começam nos primeiros anos da vida adulta, diz o dr. McAdams, e vão mudando à medida que a pessoa amadurece. Portanto, uma pessoa pode se identificar primeiro como guerreiro ou amante e, mais tarde, como cônjuge ou companheiro. Esses arquétipos mudam quando as pessoas acham necessário reorganizar sua vida em torno de outros princípios. Um jogador de futebol universitário, por exemplo, poderá se identificar com Ares, o guerreiro, no tempo em que estiver jogando. Mais tarde, entretanto, quando estiver casado, criando uma família, a identificação talvez seja com Hefesto, o assalariado. E uma Afrodite (a sedutora) poderá se tornar uma Héstia (mulher do lar) ao primeiro sinal de uma promessa de casamento.

Embora o dr. McAdams não lide com pacientes submetidos a regressão hipnótica, tenho verificado que as experiências de vidas passadas de muitos de meus pacientes assemelham-se aos personagens mitológicos dos antigos gregos. Supondo que essas regressões não representam vidas passadas reais, essas experiências provavelmente atuam para entranhar o personagem de uma pessoa na mente inconsciente. Também confirmam para o inconsciente certas características do personagem.

Verifiquei que as imagens e histórias que a pessoa apresenta durante a vida podem mudar. Embora um paciente possa sempre recordar qualquer vida passada, também pode revelar outras novas, à medida que ele muda.

Uma de minhas pacientes, quando estudante universitária, era bem um Dioniso *bon vivant*, tanto na vida atual como na vida passada. Mais tarde, ao casar-se e ter um emprego regular, tornou-se muito mais o cônjuge, a companheira, tanto na vida atual como na regressão a vidas passadas. Ela se transformou numa Hera.

Assim, nas suas primeiras experiências de vidas passadas, essa paciente foi uma dançarina independente de alguma civilização européia do século IX. Nas regressões subseqüentes, porém, ela era uma feliz lojista que trabalhava junto com o marido na Irlanda.

Um Ícaro revisitado

Um dos meus casos favoritos que associa mito com regressões a vidas passadas envolve um assistente social que foi motorista de caminhão e que durante a regressão tornou-se um homem obcecado em descobrir o segredo do vôo. Com algumas restrições, sua história faz lembrar a de Ícaro, que tentou fugir da prisão voando com asas de cera. Na história desse personagem, suas asas derretem quando ele chega muito perto do Sol, o que o faz cair no mar e morrer.

Meu paciente também se sentia aprisionado na vida atual, embora não fisicamente, mas por uma situação profissional infeliz e um mau casamento. Ele queria escapar desses sentimentos e reconquistar a auto-estima perdida.

Todos esses sentimentos assumem na regressão forma metafórica e mitológica.

> Eu me vi na sala de estudos de uma casa suntuosa. Era a Idade Média, talvez no sul da França ou da Itália. Eu tinha consciência de que herdara essa casa da minha família e de que era seu último membro, exceto por um idoso e trêmulo tio que vivia em outra parte da casa. Pude vê-lo na regressão. Ele era velho e doente, tinha grandes papadas e a cabeça calva. Sua pele era pálida e amarelada e poucas vezes saía do quarto.
>
> Imagino que vivia numa bela casa de campo, mas só me interessava a sala de estudos. Parecia que eu passava o tempo todo naquele cômodo. Olhando à minha volta, podia ver mui-

tos materiais de química, tubos de ensaio, balões de vidro e bicos de gás.

Eu estava obcecado com a idéia de voar. Este era todo o meu interesse na vida. Via a gravidade como uma prisão a ser abandonada.

Na mesa à minha frente havia grandes desenhos de pássaros voando. Eu costumava observá-los para depois desenhar suas asas e seus corpos durante o vôo.

Na sala de estudos eu estava cercado de volumes encadernados em couro. Podia ir até a prateleira e consultá-los. As encadernações eram trabalhos de arte. Nenhum era impresso. Todos feitos à mão. Havia também outras coisas na sala de estudos. Modelos de asas e aparatos mecânicos projetados para o vôo. Além disso, viam-se insetos voadores e pássaros por toda parte.

Nessa regressão, eu lia histórias de vôo na Bíblia, tentando utilizar as escrituras para resolver o enigma.

Eu era um recluso, passava quase o tempo todo em devaneios sobre vôos ou projetando e construindo máquinas de voar que acabavam não funcionando.

Na sala de estudos havia uma porta de vidro que dava para um quintal e, no lado de fora da casa, para uma alameda. Era freqüente, durante o dia, as pessoas que caminhavam ao longo da alameda bradar comentários derrisórios a meu respeito. Pude ouvir uma criança que parou e disse: "Aqui mora o homem que quer voar entre os pássaros do céu." Então ela riu alto e me apontou. De modo geral, todos na cidade me tratavam como um herético, até o meu criado, que ficava carrancudo e insolente quando fazia algum trabalho para mim.

Geralmente eu ia até uma campina que dava vista para a cidade. Lá eu testava minhas máquinas de voar ou simplesmente observava os pássaros. Eu adorava observar tudo o que pudesse voar. Para mim, era um mistério poder aprender os conceitos do vôo, e o fato de nunca sair do chão. Isso me dava a sensação de estar sendo torturado por Deus.

Numa outra cena, eu estava na minha sala de estudos recebendo a visita do pároco local. Ele ficava transtornado com o meu desejo de voar. Mostrei-lhe as máquinas que estava construindo e falei com ele longamente sobre o funcionamento das asas.

O pároco ficou em silêncio a maior parte do tempo. Finalmente, disse: "Filho, o homem não foi feito para voar. Deus nos quer aqui na terra." Então, prometeu que rezaria por mim.

> Avancei no tempo até a minha morte. Vi-me observando o meu próprio funeral. O mais espantoso era que eu tinha deixado o meu corpo e o observava de cima! Pela primeira vez eu podia voar! Enquanto enterravam o meu corpo, descobria que era capaz de voar por toda parte como um pássaro. Havia um triunfo na morte que parecia bom, mesmo nesse momento.

Essa regressão ajudou Larry a perceber que, no sentido mais amplo da palavra, ele tinha um profundo anseio de poder voar, tanto por causa de sua vida limitada quanto pela falta de evolução espiritual. Para lhe dar um ponto de apoio com o qual pudesse enfrentar seus problemas, chamo-o de paciente Ícaro. Este nome faz com que ele entenda melhor o seu problema. Isso também o ajuda a perceber que — mito ou não — outros já lidaram com o mesmo problema que o dele.

O Ares da selva

Uma outra paciente minha é uma batalhadora no mundo dos negócios. Ela é uma corretora de imóveis que efetivamente vende a maioria das propriedades da sua companhia. É também uma líder na sua comunidade. Não é raro ver o seu nome no jornal com relação a uma ou outra questão política.

Para ser uma pessoa tão atuante na cidade em que vive, ela tem de competir num mundo agressivo e dominado pelos homens. Assim, não foi nenhuma surpresa que sua regressão a fizesse rei de guerreiros numa civilização distante. Eu a chamo de ''Ares da selva'', tomando como referência o soldado lutador da lenda grega. Eis aqui a sua experiência:

> De repente percebi que estava quase nu e que me sentia à vontade desse jeito. Olhei para o meu corpo e vi que era bem negro. Nada me cobria, exceto um pedaço de pele de animal sobre as minhas partes íntimas.
>
> Olhei ao redor, examinando o ambiente. Eu me encontrava numa vila toda feita de choças de capim. Parecia haver ali umas cem pessoas andando de um lado para o outro fazendo comida em fogueiras e raspando peles de animais que seriam usadas como roupa ou abrigo.

Enquanto examinava essa situação, sentia-me como o senhor de tudo aquilo que via. Eu podia sentir que havia sido escolhido para líder dessa comunidade.

A próxima cena confirmou que eu era o príncipe desse reino e o próximo na linhagem a ser o rei. Eu estava sentado perto de um homem que reconheci como meu pai. Ele era muito gordo e se adornava com colares de penas brilhantes, pulseiras e um capacete de plumas.

Ele estava sentado num trono feito das mais belas peles de animais que se possa imaginar, elevando-se acima das pessoas que se encontravam no chão à nossa frente.

Eu estava sentado nesse trono perto dele. Minha roupa era pomposa, embora não tanto quanto a dele. Decidíamos então questões de natureza burocrática para a tribo. Eu não podia distinguir o que eram especificamente, mas sabia pelas expressões das pessoas que estavam aos nossos pés que se tratava de algo importante. Elas esperavam respostas do meu pai e de mim, uma vez que haviam nos escolhido como seus líderes.

Durante a regressão senti uma grande força interior. Estava confiante por ser o futuro líder da tribo. Eu gostava da sensação de poder e responsabilidade e me sentia preparado para assumir a função de meu pai como rei, quando ele a transmitisse a mim.

No entanto, houve uma cena que foi muito humilhante, que me fez perceber a existência de uma autoridade mais alta em algum lugar. Eu estava sozinho na selva, quando de repente notei que o sol escurecia. É claro que aquilo era um eclipse, mas naquela vida eu não sabia o que era isso! Lentamente, o sol tornou-se quase que totalmente negro e, enquanto isso acontecia, o medo se apossava do meu corpo. Ajoelhei-me e rezei aos deuses para que o sol reaparecesse.

Nessa época, eu achava que os deuses estavam me dizendo que, embora eu estivesse entre as pessoas mais poderosas do meu mundo, certamente não era o mais poderoso nos céus. Pedi perdão e lhe garanti, enquanto me curvava em reverência ali mesmo, que estava ciente do seu poder. Obviamente imaginei que tivessem me ouvido, pois logo a escuridão se afastou da face da Terra.

Numa cena posterior, me vi como rei. Meu pai não tinha morrido, mas sentia que estava velho demais para continuar governando aquele reino. Eu estava sentado no trono, no lado que cabia ao rei, com aqueles pomposos ornamentos que me identificavam como governante. Perto de mim, no assento que eu costumava ocupar, estava meu pai. Agora ele assumira então o papel de conselheiro.

Eu me sentia mesmo um rei, satisfeito, como se verdadeiramente houvesse merecido esta posição. Percebia que agora tinha muitas esposas e poderia ter quantas quisesse. Havia muitas crianças nessa tribo que também me pertenciam.

Nessa cena em particular, eu estava sentado julgando um assunto tribal. Não tenho certeza do que era, mas acho que envolvia uma disputa em relação à posse de uma vaca ou algum outro tipo de animal. Eu estava totalmente satisfeito em ser o juiz nessa situação. Isso é tudo de que me lembro. Entretanto, o sentimento dominante era o de estar satisfeito com o meu reino.

Para essa mulher, ser rei estava em perfeito acordo com a sua auto-imagem, com seu mito pessoal. Tanto assim que eu teria me surpreendido se ela fosse alguém de menos poder na regressão. Na vida real ela é uma líder, uma pessoa dinâmica e perfeitamente satisfeita por estar em primeiro plano. Como bem disse ela: "Na vida passada, eu era a mesma coisa que sou agora."

O que a deixava frustrada era o fato de ter sido um negro numa vida passada. Criada no velho Sul, essa imagem era um verdadeiro tabu. Ela reconhecia que no seu papel como parte da estrutura de poder nunca pensaria em ser "qualquer coisa negra", muito menos um rei negro da África.

Concluímos que juntamente com seu papel mítico de rei, provavelmente ela também estava explorando um estilo alternativo de vida.

O Dioniso de Dodge City

Em seguida, vem o agitado Walter, um paciente que, por assim dizer, vive em função de festas. Ele gosta tanto de se divertir que diz trabalhar 40 horas por semana principalmente para sustentar 40 horas que passa de bar em bar e promovendo festas.

Ele me procurou para fazer uma regressão hipnótica e descobrir qual a ligação, se é que há alguma, entre sua vida passada e a atual. Notavelmente, verificamos ser aquela muito semelhante à atual em estilo de vida. Eis a regressão de Walter:

Quando entrei nessa vida passada, eu estava em pé atrás de um balcão, servindo bebidas e rindo entusiasticamente de uma piada contada por um dos meus fregueses.

Não consegui ouvir a anedota, mas pude olhar em volta e observar o ambiente. Eu estava num bar no velho Oeste! O lugar era uma coisa medonha! Havia cadeiras de madeira e algumas mesas que cambaleavam de tanto que as pessoas se apoiavam nelas. Olhei para fora e vi a rua principal de terra. Estava seca e empoeirada, o que me fez acreditar que era verão. Tive a sensação de que na estação de chuvas aquilo ficava enlameado. Mas agora estava seca e os cavalos e as rodas das carroças levantavam uma enorme quantidade de poeira.

As ruas estavam movimentadas, cheias de gente. Parecia-me uma cidade comercial. Havia homens de terno e mulheres com vestidos leves de algodão. E, claro, vaqueiros a cavalo e em carruagens abertas. Pela aparência da cena de rua, acho que aquilo era o fim da linha para muitas boiadas.

Nesse bar havia uma parte superior que dava para a rua principal. As pessoas compravam bebidas lá embaixo e depois as levavam para cima.

Acho que eu era o dono desse estabelecimento, pois realmente ele parecia estar sob a minha responsabilidade. Eu me sentia feliz, em parte porque o local estava cheio e eu ganhava muito dinheiro, e em parte porque adorava ficar no meio de bastante gente.

Avancei mais um pouco no tempo. Dessa vez, o bar estava bem cheio. No seu interior, cada espaço estava ocupado e as pessoas transbordavam para as ruas. Dava a impressão de ser um dia especial, pois todos se mostravam felizes. Muitos davam tiros para o ar e se rejubilavam.

Acho que estava terminando um arrebanhamento de gado, pois essa multidão dava a clara impressão de pessoas espairecendo depois de um árduo trabalho. Eu apreciava a cena. Lembro-me de ter dito a um dos meus empregados que momentos como aqueles são os de que mais gosto.

Uma cena posterior foi triste. Praticamente não havia ninguém no bar. Eu estava sozinho, servindo bebidas a alguns camaradas que tomavam com vagar suas cervejas. O estabelecimento obviamente estava passando por momentos difíceis e tive a impressão de que algo havia mudado tão drasticamente nessa cidade que logo eu seria forçado a fechar as portas e desistir do negócio. Lá fora não se via mais aquele grande movimento das cenas anteriores. Algumas pessoas passavam pela calçada, mas isso não era nada comparado ao que costumava ser.

Fiquei muito triste com o fato, mas sabia que a única coisa que restava a fazer seria fechar o bar. Lembro-me de que eu pensava nos bons tempos e me sentia feliz de ao menos ter podido presenciá-los.

Os resultados da regressão de Walter não me surpreenderam. Supondo que sua regressão não fosse reencarnação, acho interessante que ela estabeleça um fim para os seus dias de festa, um fim que o faz relembrar melancolicamente aqueles dias de felicidade.

Para Walter, a crença de que ''todas as coisas boas devem ter um fim'' é uma parte importante do ritual das festas. A própria crença é parte integrante da celebração. ''Relembrar os bons tempos, da perspectiva de tempos ruins, faz parte do jogo'', diz ele sucintamente.

O mito pessoal de Walter foi bem representado na sua regressão.

Deméter, a mártir

Sandy vive numa cidade pequena onde é conhecida como a atleta da cidade. Ela trabalha numa loja e nas horas de folga corre, anda de bicicleta e se dedica a alguns esportes de equipe.

Mora com os pais, com quem partilha crenças cristãs fundamentalistas. Exteriormente ela aparenta ser feliz. Contudo, a regressão detectou nela uma certa insatisfação e o sentimento de ser uma mártir, o que a levou a fazer uma importante psicoterapia. Eis aqui a regressão de Sandy:

> Eu era um jovem que parecia estar morando na cidade. Havia por toda a parte construções caiadas muito bonitas. Eu vivia num quarto no segundo andar, em cima de uma loja, localizada numa rua bem estreita.
>
> Havia algumas mesas e umas esteiras próprias para dormir. Do lado de fora tínhamos água corrente numa gamela de que todos compartilhavam. Portanto, parecíamos uma sociedade muito civilizada.

Numa cena, eu estava deitado na cama ouvindo as pessoas lá fora. Havia tanto barulho e tamanho movimento que praticamente se podia sentir o calor da cidade.

As pessoas pareciam bastante indisciplinadas e ousadas. Acho que isso acontece porque estamos no bairro pobre da cidade e os pobres desta sociedade agem assim.

Numa outra cena me vi caminhando ao longo de uma rua. As ruas eram de terra compacta, não muito poeirentas. Havia lojas por todo o caminho bem como padarias e adegas.

Parei numa loja para ver a balança de metal em que os grãos eram pesados. Fiquei intrigado com o seu aspecto. Parecia de cobre esverdeado que tivesse sofrido oxidação. O homem na loja pesava algum tipo de grão ou cereal.

Nessa regressão eu era um homem muito agressivo e hostil. Num certo momento me encontrava sentado em casa com minha mãe, que estava muito preocupada com uma tosse que a incomodava. Estava ficando cada vez mais fraca e tinha medo de que fosse uma moléstia grave. Eu tentava menosprezar a doença, mas via pela aparência dela que era algo sério. No fundo, porém, eu me preocupava.

A idéia de sair e procurar um médico nem passava pela nossa cabeça, o que me faz pensar que não havia nenhuma instituição de saúde. Em vez disso, perguntávamos aos vizinhos o que fazer. Eles sugeriam alguns remédios caseiros, mas de um modo geral de nada adiantavam.

Avancei no tempo até uma outra cena. Pude ver que minha mãe tinha morrido e estava estendida numa mesa. Parecia tão sem vida. Por alguns momentos, me dei ao luxo de chorar. Senti-me muito confuso e tenso com a sua perda. Sem ela, eu estava sozinho no mundo.

Pouco depois da sua morte, me vi num mercado. Eu estava perto de um homem que carregava na carteira uma grande soma em dinheiro. Simplesmente caminhei até ele e o golpeei. Roubei-lhe o dinheiro! Era como se eu quisesse ser apanhado e ir para a cadeia.

Fui preso e levado a um juiz. Eu estava numa fila de acorrentados. O juiz falava com cada um de nós individualmente e então fazia o julgamento. Quando chegou a minha vez, ele imediatamente me declarou culpado e me sentenciou a trabalhos forçados.

Fui levado para bem longe com um grande grupo de trabalho. Fomos enviados para o alto das montanhas e forçados a trabalhar numa mina. Não sei o que estávamos mineirando. Era uma substância cinza e poeirenta, mas não sei o que era e na verdade nem me interessava. Eu só tentava continuar trabalhando para que os guardas não me batessem.

Vivíamos num barracão apertado onde era muito difícil dormir. Alguns homens se lamentavam e gritavam a noite toda, enquanto outros ficavam acordados jogando.

Eu tinha um amigo estrangeiro, capturado por soldados e trazido até aqui. Ele sentia muita saudade da família, ainda mais que ambos percebíamos que morreríamos ali. Isso nos deixava muito tristes e ansiosos por algum conforto. Achamos um canto solitário e fizemos amor.

No dia seguinte, quando estávamos na mina, meu amigo ficou extremamente nervoso com um guarda cruel que começou a gritar com ele. Virou-se então para o guarda e o atingiu na testa com uma pesada marreta de madeira.

Os outros guardas acorreram e nos agarraram. Depois de nos arrastarem para fora da mina, eles nos obrigaram a construir cruzes de madeira. Então nos crucificaram na entrada da mina, de modo que os outros trabalhadores pudessem nos ver quando saíssem do trabalho. A dor que eu sentia nos ombros por estar pendurado naquela cruz era medonha e cruciante. A última coisa de que me lembro foi que olhei fixamente para a entrada da mina e aos poucos fui perdendo a consciência.

Enquanto eu perdia a consciência, percebi que o motivo de eu ter roubado aquele homem no mercado foi uma reação de pesar pela morte da minha mãe.

Sandy ficou muito transtornada com essa regressão. O evento da crucificação lhe pareceu por demais sacrílego. Ela relaxou bastante quando eu lhe disse que ser pendurado numa cruz foi um meio de execução aplicado a muitas pessoas, não só a Cristo.

Ocupamo-nos então da regressão, que não parecia combinar de forma alguma com a sua vida. A família não a escraviza e de um modo geral ela gosta dos pais. Porém, no decorrer da análise, descobri que ela era uma dependente passiva. Essas pessoas permitem que os outros tomem decisões por elas, pois têm grande dificuldade de se auto-afirmar. A dependência passiva geralmente faz a pessoa se sentir mártir, sobretudo quando, definitivamente, não gosta da decisão que tomaram por ela.

Essa regressão exibia muitos traços de dependência passiva.

Na sua mente, a morte por crucificação era própria de um mártir. Supondo que não fosse uma experiência de reencarnação, a morte na cruz e o martírio estão intimamente associados.

Sua ira silenciosa, marcada por ímpetos de explosão, é uma outra característica do dependente passivo.

A regressão permitiu que Sandy discutisse livremente sua dependência passiva. Ela não acreditava que essa fosse de fato uma experiência de reencarnação. No entanto, acreditava que a regressão proporcionara uma tribuna para a expressão de seus problemas.

O valor terapêutico do mito

As regressões a vidas passadas com vistas à descoberta do mito pessoal nos ajudam a chegar ao âmago da identidade de um indivíduo.

Se a terapia é considerada um processo de compreensão da história de uma pessoa, então as regressões que revelam o mito pessoal atingem logo o núcleo da identidade. Esses mitos fornecem pontos de apoio às pessoas, conferindo-lhes autoridade sobre suas próprias vidas.

Por exemplo, alguém que se acha infantil em vidas anteriores, ou freqüentemente se vê em situações hedonistas nas regressões, pode muito bem ser irresponsável e hedonista na vida atual. Essa revelação por meio da regressão esclareceria áreas problemáticas na vida da pessoa, que então poderiam ser solucionadas na terapia. Deixe-me dar um exemplo de como eu poderia utilizar o mito pessoal na terapia.

Uma pessoa me procurou, frustrada com a sua incapacidade de tomar decisões. Embora quisesse desesperadamente se tornar uma pessoa mais positiva, não o conseguia. Conseqüentemente, os outros estavam tomando decisões por ela.

Achando que poderia haver algo numa vida passada que a tivesse levado a esse comportamento inseguro, ela me procurou para uma terapia de regressão.

Eu a fiz regredir a uma vida anterior, na qual se desenrolou esta fascinante história:

> Eu me vi como um guerreiro indo para a batalha. Vestia uma armadura e carregava uma espada. Alinhava-me com pelo menos uma centena de homens caminhando através do deserto. Estávamos todos silenciosos, e pela impressão que tive sabia que seria uma batalha muito dura em que vários de nós morreriam.
>
> Eu não queria ir para a guerra, não só porque tinha medo de morrer, mas também porque tinha dúvidas sobre de que lado eu realmente me encontrava. Nós íamos lutar contra pessoas de quem eu gostava. Eu não sabia bem quais eram os motivos da guerra, mas, quaisquer que fossem, eu não achava que as pessoas que enfrentaríamos realmente haviam feito algo de errado.
>
> Lembro-me de ter pensado que não deveria estar marchando para a guerra, de que eu tinha uma escolha. Estava furioso comigo mesmo por ter sido arrebatado pela opinião dos outros. Em vez de fazer o que eu queria e não lutar por uma causa da qual duvidava, deixei-me levar pela opinião da maioria e me alistei como voluntário.
>
> Não morri nessa guerra, mas matei muita gente para continuar vivo. Quando retornei, fui declarado herói, mas não me sentia orgulhoso. Estava envergonhado por ter matado tantas pessoas em defesa de algo em que não acreditava.

Essa regressão me fez lembrar Hipólito, lançado numa guerra entre a bela Afrodite, que ele adorava, e Ártemis, a ciumenta. Por causa de sua natureza passiva, Hipólito foi incapaz de dizer não quando solicitado a lutar. Essa relação com o mito me permitiu fornecer ao paciente uma história da mitologia para ilustrar o seu problema.

Então começamos a reelaborar a sua vida passada. Isto é algo que raramente faço, conforme mostrei num capítulo anterior. Penso que poucas vezes os pacientes são capazes de aceitar a reelaboração. No entanto, tive um palpite, tentei, e deu certo.

Fiz o paciente regredir à cena em que ele estava marchando para a luta. Pedi-lhe que descrevesse a geografia da região e depois exteriorizasse seus sentimentos mais profundos de desespero em relação a essa guerra, bem como seu desejo de não ser envolvido na terrível batalha que estava prestes a ocorrer.

Quando o desespero atingiu o auge, nós alteramos o resultado. Fiz com que ele abandonasse a frente de combate e simplesmente fosse embora. Não importa o que pudesse acontecer, eu disse a ele, não volte para junto deles. Eis aqui o que aconteceu.

O comandante foi chamado, fez a tropa parar e voltou para falar comigo. Primeiramente, ele ordenou que eu me reintegrasse ao destacamento, mas me recusei. Disse-lhe que eu tinha entrado como voluntário para a guerra e agora voluntariamente estava saindo. Ele retrucou que eu não podia fazer aquilo, mas simplesmente o ignorei e continuei andando. Chamou-me de covarde e me injuriou. Continuei andando. Fiquei com medo de que me matasse como exemplo para a tropa, mas não o fez. Ele foi para a frente de combate e ordenou a todos que recomeçassem a marchar. A maioria obedeceu. Mas, surpreendentemente, não fui o único a voltar para minha cidade. Muitos outros soldados sentiam a mesma coisa que eu, que essa guerra era uma perda de tempo e de vidas. Recusando-me a lutar, tornei-me um incentivo para que eles tomassem a mesma atitude.

Outra surpresa foi o fato de não sermos tratados como covardes quando voltamos. Na cidade, havia pessoas que também não eram a favor da guerra. Nosso retorno fez com que dissessem o que pensavam sobre essa brutalidade sem sentido.

O paciente se sentiu bem, reelaborando a regressão. Assim, foi capaz de perceber como era tomar a sua própria decisão e ver as mudanças que essa atitude produziria.

Descobrir o mito pessoal e trabalhar com ele permitiu que esse paciente operasse mudanças significativas na sua vida. Ele se tornou mais resoluto e satisfeito por estar vivendo do jeito que desejava.

Joseph Campbell chama de mitos os sonhos coletivos e de sonhos o mito particular. Contatando com êxito esse mito por meio da regressão a vidas passadas, é possível entender e até modificar as verdades psicológicas que podem estar escondidas ou reprimidas no inconsciente.

IV

Investigue Você Mesmo

9

Descubra Você Mesmo as suas Vidas Passadas

Há uma crença por parte de algumas pessoas de que a exploração de vidas passadas é algo que somente alguns podem fazer; que é preciso ter uma aptidão especial para isso. Tenho verificado a partir da minha própria pesquisa que isso não é verdade. Quase todos podem fazer essas regressões. Muitos pacientes me disseram, antes mesmo de tentar, que não eram do tipo que podia ser hipnotizado, ou que eram por demais instruídos para ter experiências tão "malucas" quanto regredir a uma vida passada.

Depois, eles se mostraram excelentes participantes, capazes de uma profunda hipnose e de ricas imagens.

Mas antes de tentar uma regressão, acho importante que a pessoa vá fundo e descubra as razões para querer examinar suas vidas passadas. Por que desejo fazer isso? O que eu quero conseguir com isso?

É melhor que isso seja feito como uma tentativa de autoconhecimento, uma vez que pode servir como um excelente meio de entender o porquê das fobias ou mesmo dos problemas de cada um.

Sugiro também que entre em contato com um terapeuta de vidas passadas de sua localidade. Escolha alguém que esteja interessado em fazer uso dessas experiências para ajudá-lo a resolver ou a entender os dilemas da sua vida atual. Terapeutas de vidas passadas empenhados em demonstrar que essas experiências são prova de reencarnação podem deixar de ver ligações proveitosas com os problemas da vida atual de uma pessoa.

Hipnose: você está sempre sob controle

Não consigo imaginar um único fenômeno psicológico que seja tão confundido aos olhos do público com crenças e mitos mágicos do que a hipnose.

Uso a hipnose na minha prática e constantemente fico espantado com o medo que provoca nos pacientes. De um modo geral, quando a hipnoterapia lhes é sugerida — seja para ensiná-los a relaxar ou para eliminar um trauma inconsciente —, freqüentemente tentam recusar. Um dos temores mais comuns é que o hipnotizador os mantenha sob o seu poder, transformando-os em autômatos ou escravos.

Nada poderia estar mais distante da verdade. Não se entra num transe a não ser que se queira, o que faz de toda hipnose uma auto-hipnose. O hipnotizador é tão-somente um instrutor, uma pessoa usada para provocar o transe hipnótico.

De uma maneira geral, ninguém pode ser forçado a fazer sob transe hipnótico algo que não faria em condições de vigília. Muitas pessoas também pensam que a hipnose é perda de consciência e que não se lembrarão do que aconteceu quando estavam em transe. Mais uma vez, estão erradas. A hipnose é um estado intensificado de concentração e relaxamento. É um estado de consciência extremamente repousante e tranqüilo.

A maioria dos pacientes hipnotizados fica bem consciente do que ocorre ao seu redor na sala, a não ser que aceite a sugestão de não prestar atenção no ambiente. De certo modo, a hipnose é um estado de percepção intensificada de sentimentos e processos interiores.

Uma das reações mais comuns que observei em pessoas saídas do estado de hipnose foi a de não saberem se realmente haviam sido hipnotizadas ou não. Elas esperam algo bizarro, algo mágico, quando simplesmente se trata de um estado de relaxamento que focaliza estímulos internos.

Não há nada perigoso em relação à hipnose. De fato, é um dos procedimentos psicológicos mais seguros que temos.

Outra impressão equivocada sobre a hipnose é a de que não se pode contar uma mentira em transe. Por causa da interpretação que a mídia faz do transe, muitas pessoas acham que tudo o que se diz em estado hipnótico é verdadeiro.

Na realidade, está bem demonstrado na literatura psicológica que a mentira é perfeitamente possível na hipnose. É por isso que temos de evitar a crença de que, por serem apresentadas de modo tão elaborado na hipnose, essas histórias realmente devem ser vidas passadas.

A lógica do transe e outros sinais

Que essas experiências possam ser tão vívidas, é uma função da *lógica do transe* no cérebro, sua capacidade de acreditar em duas coisas contraditórias ao mesmo tempo. Assim, quando somos hipnotizados e fazemos uma regressão a vidas passadas, uma parte de nós está completamente consciente de que nos encontramos no presente. Ao mesmo tempo, uma outra parte se acha convencida de que estamos, digamos, na China, no século XVII. É uma experiência que pode ser muito convincente.

A lógica do transe é um dos sinais do transe profundo. Eis aqui os sinais da hipnose que podem ser vivenciados pelo paciente. Tenha em mente que você pode não ter todas essas sensações. Mas poderá esperar por uma ou mais se estiver realmente hipnotizado.

- Uma sensação tão profunda de relaxamento que você não sente vontade de fazer nenhum esforço.
- Sensação de peso, especialmente nos braços e nas pernas.
- Sensação de entorpecimento, formigamento ou insensibilidade nos pés ou nas mãos.
- Sensação de estar flutuando.
- Sensação de estar separado do ambiente, de tal modo que os arredores parecem distantes.

Tenho verificado que as experiências com vidas passadas são favorecidas pela capacidade de se entrar em transe relativamente profundo. Geralmente, é uma boa idéia ficar tranqüilo em relação à hipnose, antes de experimentar uma regressão. Por isso, sugiro que não tente regredir nas primeiras vezes em que entrar em estado de auto-hipnose.

Para ajudá-lo a fazer isso, há um exemplo de técnica de indução hipnótica no final do livro. Leia-o algumas vezes e depois grave a leitura pausadamente. Ouvir a sua própria voz no gravador deverá atenuar preocupações relacionadas com a perda de controle.

Quando você resolver regredir, entre num quarto confortável e se coloque numa posição cômoda em que se sinta em paz e à vontade. Elimine quaisquer distrações. Desligue o telefone. Diminua as luzes. Você poderá deixar uma única vela iluminando suavemente a sala. Lembre-se: a privacidade é importante.

Faça perguntas perspicazes

Comece formulando com clareza perguntas que você considera necessárias, antes de entrar no transe hipnótico. Por exemplo, você poderia se perguntar: "Por que tenho tanta dificuldade nos meus relacionamentos pessoais?", ou "Por que tenho essa fobia por animais?" Faça perguntas simples e claras.

Depois tire os sapatos e se acomode num sofá ou colchão. Coloque as mãos de lado e não cruze as pernas. Talvez você queira se cobrir com um cobertor, já que a hipnose faz cair a temperatura do corpo.

Nesse momento, ligue o gravador e siga as suas próprias instruções.

Sintetize a experiência

Quando a experiência terminar, reflita sobre o que você aprendeu. Talvez até queira gravar suas impressões ou anotálas num diário. Não faça isso para arquivar a experiência e esquecê-la. Pense nela com freqüência, tentando relacionar a experiência da vida passada com experiências da vida atual.

Pode ser útil falar sobre o que aconteceu com amigos compreensivos. Eu até conheço grupos que se encontram regularmente para discutir suas experiências de vidas passadas. Tudo isso nos ajuda a entender melhor nossas intricadas atividades interiores.

O poder da cristalomancia

Descobri outro método que revela as vidas passadas e é muito mais fácil e conveniente do que a auto-hipnose. Trata-se da *cristalomancia*.

Durante todos esses anos o meu envolvimento com a psicologia tem sido amplo. Na faculdade, minha especialidade era filosofia, área na qual fiz o doutorado. Fui para a escola de medicina e em seguida me dediquei ao treinamento psiquiátrico. Trabalhei em hospitais psiquiátricos e, finalmente, passei a atender em minha clínica. Só recentemente ouvi falar em cristalomancia.

Eu a descobri quando examinava as prateleiras poeirentas de um sebo em Atlanta. Estava olhando alguns títulos, quando um deles me chamou a atenção. O nome era *Crystal Gazing*, de Ernest Schal, publicado em 1905. Folheei as primeiras páginas e percebi que o autor era meticuloso nos detalhes, e não se deixava impressionar ou sugestionar facilmente. Naquelas páginas ele descrevia seus estudos sobre essa antiga e obscura arte.

De acordo com o autor, culturas tão longínquas como a dos antigos egípcios utilizavam a bola de cristal para encontrar respostas para questões que os afligiam.

A cristalomancia tem uma história respeitável. Na Europa, durante a Idade Média, havia cristalomantes que viajavam pelas províncias contemplando espelhos. Eles montavam tendas nas cidades e revelavam visões às pessoas que faziam perguntas e necessitavam de respostas. A cristalomancia também era usada para adivinhar o futuro e para investigar crimes. Quando algum objeto era roubado, a pessoa procurava o cristalomante que contemplava o espelho e perguntava quem havia cometido o crime. Finalmente, aparecia o rosto de alguém, que então seria o culpado.

Também se pedia aos cristalomantes que encontrassem objetos perdidos. Dava-se uma descrição do objeto e o cristalomante utilizava o espelho como uma espécie de "achados e perdidos" psíquico.

Finalmente, a Igreja Católica proscreveu a cristalomancia, devido às suas propriedades aparentemente místicas, e esse conhecimento praticamente desapareceu do mundo ocidental.

No entanto, tem ressurgido periodicamente. Um homem chamado dr. D encontrou por acaso um espelho de obsidiana que havia sido usado por sacerdotes astecas. Ele desenvolveu a arte da cristalomancia na Inglaterra, onde atraiu a atenção da rainha Elizabeth I, que consultava regularmente o dr. D para que olhasse na "pedra de revelação" e obtivesse as respostas.

Infelizmente, a cristalomancia mais uma vez passou a ter má fama devido ao seu uso como instrumento para revelar a sorte. Essa imagem conspurcada fez com que ela fosse riscada da lista de fenômenos psicológicos aceitáveis.

Por que algo assim seria considerado inaceitável? Penso que Carl Jung a incluiu numa passagem sobre o nosso ser inconsciente.

"Pode ser difícil para o leitor não preparado entender por que encarar o desconhecido em nós mesmos é um empreendimento perigoso. Somente a experiência pode nos ensinar quão apavorante é nos afastarmos das questões familiares de nosso mundo consciente e enfrentarmos algo inteiramente desconhecido no interior do mundo inconsciente."

Acho que a cristalomancia desapareceu da sociedade ocidental porque é uma das técnicas que facilmente pode trazer à tona coisas que não queremos conhecer.

O mundo oriental tem uma atitude diferente em relação à cristalomancia, praticada nos lagos pelos sábios do Tibete. Nesse país de grandes altitudes e de vegetação escassa, os lagos são profundos e cristalinos e, quando os sábios os contemplam durante um tempo suficiente, vêem ali as respostas para muitas perguntas.

No Tibete, o Chefe dos Oráculos mira um espelho para responder às perguntas do conselho de ministros. Eles se sentam ao seu redor e ouvem atentamente, enquanto ele olha num espelho e revela o rumo a seguir na determinação da política oficial.

Estamos mais familiarizados com a cristalomancia das bolas de cristal praticada pelas ciganas nas feiras dos vilarejos. Sempre pensei que elas inventavam aquilo que viam nas bolas, mas a pesquisa de Schal me fez duvidar das minhas suposições.

A descoberta de uma ferramenta

Depois de realizar minhas próprias pesquisas, percebi que as visões nas bolas de cristal não são inventadas, mas reais. Algumas semanas depois de ter lido o livro de Schal, adquiri eu mesmo uma bola e a coloquei na mesa. Apaguei as luzes, acendi uma vela e comecei a fitar aquela cristalina profundeza diante de mim.

Passados alguns minutos, vi nuvens. Então apareceram visões. Vi um homem vestido com uma capa de chuva castanho-amarelada caminhando por uma rua deserta na cidade. Aos poucos essa imagem desapareceu, surgindo no seu lugar uma bela casa vermelha no alto das montanhas, com uma varanda que se projetava sobre um penhasco. Era um dia ensolarado e vi ao longe as montanhas cobertas por uma cortina de névoa azul.

Então comecei a ver uma amiga minha. Divisei-lhe nitidamente o rosto, como se ela estivesse diante de mim. A isto seguiu-se uma lembrança de infância na casa da minha avó, com seus belos móveis de madeira e tapetes de finos detalhes.

Essas visões continuaram de forma desconexa. As imagens eram fantásticas. Num certo sentido, era óbvio que elas vinham de dentro de mim mesmo. Eu não tive a impressão de que viessem de qualquer outro lugar. E, no entanto, essas imagens eram simplesmente projetadas na bola de cristal, em cores e em três dimensões. Parecia um aparelho de televisão holográfico.

Passei mais de uma hora olhando na bola de cristal e, quando terminei, sentia-me abismado. Por que, pensei, em todos esses anos de investigação da mente humana, ninguém jamais sequer havia mencionado esse notável fenômeno? Ao mesmo tempo percebi que sempre fui uma pessoa cheia de imaginação. A primeira idéia que tive foi que esse era um fenômeno raro, que aconteceria apenas com alguém como eu.

O próximo passo foi levar a cristalomancia para a minha esposa, uma pessoa bem instruída. Chamei-a e pedi que mirasse a bola de cristal. Ela o fez por cerca de 30 minutos e depois olhou para mim com um sorriso largo. ''Muito interessante'', disse ela, e descreveu muitas imagens, algumas recriações nítidas da infância e outras de fontes misteriosas.

Isso não era suficiente para mim. Envolvi nessas constatações um colega, um psicoterapeuta formidável, com uma inclinação mais pragmática do que a minha. Levei a bola até a casa dele e o instruí nessa antiga arte. Ele ficou espantado com o que viu.

Levei então quatro bolas de cristal para uma classe noturna em que leciono. Coloquei-as no meio da sala, diminuí as luzes e providenciei um fundo musical bem suave. Depois de 45 minutos de cristalomancia, acendi as luzes e interroguei os 40 alunos. Surpreendentemente, mais da metade teve encontros dramáticos.

Um aluno me agradeceu por essa "verdadeira viagem ao mundo dos sonhos". Uma outra aluna, uma paquistanesa, comoveu-se até as lágrimas com imagens da sua infância na terra natal.

Dois grupos distintos descreveram a mesma imagem. Dois estudantes sentados perto da mesma bola descreveram uma figura encapuzada vestida com um longo manto escuro. Dois outros alunos disseram ter visto uma bailarina dançando dentro da bola no compasso da música de fundo que tocava na sala. Muitos outros alunos afirmaram que as imagens que viram também seguiam o compasso da música.

Os resultados foram intrigantes. Repeti a experiência em outra sala de aula e obtive resultados semelhantes. Quase metade dos alunos tinha imagens dramáticas para relatar.

Da sala de aula para a clínica

Minha curiosidade me levou a usar a bola de cristal na clínica, o que provou ser uma excelente técnica de projeção.

Técnicas de projeção são usadas para descobrir o que se passa na mente de uma pessoa. Um exemplo desse método é o teste Rorschach, em que se mostra ao paciente um borrão de tinta num papel e se pede a ele que diga o que está vendo. O que é imaginado fornece uma pista sobre o que o paciente está pensando.

Com a bola de cristal descobri um teste muito mais puro, não estruturado por linhas ou formas. A bola de cristal é um meio limpo; portanto, eu sei que o que quer que a pessoa veja nessa bola é um produto da sua atividade interior, e não uma função da forma do borrão.

Tenho verificado vários tipos de imagens na cristalomancia. Um desses tipos consiste em faces ou grupos de pessoas, algumas das quais conhecidas do paciente. Essas figuras na verdade desempenharão várias ações e passarão por seqüências de acontecimentos. O paciente também poderá ver lembranças da infância, coisas que aconteceram há tanto tempo que ele talvez nem tenha pensado nelas desde que aconteceram.

Assim como nas regressões hipnóticas, as imagens na cristalomancia não podem ser direcionadas. Por exemplo, se você visse várias pessoas sentadas juntas a uma mesa, não lhes poderia "dizer" o que fazer em seguida. A probabilidade é a de que elas sumiriam caso você as abordasse.

No entanto, isso não quer dizer que você não pode montar um "contexto" para a ocorrência dessas imagens.

Você pode se sentar diante de uma bola de cristal e formular a experiência em pensamento, tomando a seguinte resolução interior: "Quando me sentar para olhar na bola, vou ver coisas que tenham relação com minha situação conjugal." Ou com uma fobia ou com um hábito. Se isso for feito, então as imagens na bola geralmente se conformarão ao tema.

Certa noite, resolvi relacionar essa descoberta com experiências de vidas passadas. Sentei-me numa sala confortável diante da bola de cristal e sugeri que as imagens que ali aparecessem revelassem uma vida passada relevante para a atual.

Enquanto contemplava a bola, surgiu uma série de imagens. Surpreendentemente, o que eu via diante de mim era a vida passada que tive como artista chinesa.

Depois de realizar comigo esse experimento de vidas passadas, decidi testá-lo com vários pacientes.

Margaret da Mandchúria

A primeira foi Margaret, uma mulher de 30 anos, familiarizada com a hipnose de vidas passadas. Fiz alguns minutos de indução para relaxá-la e depois sugeri que dali a alguns momentos ela abriria os olhos e fitaria a bola de cristal.

"Quando o fizer", disse eu, "verá uma vida passada pertinente às coisas pelas quais você está passando agora."

Suas expressões faciais percorreram uma gama de emoções. Ora parecia triste, ora feliz, ora muito veemente. Quando terminou, contou-me esta maravilhosa história:

Eu era menina numa antiga tribo chinesa. Vivíamos numa tenda e vagávamos livremente pelas planícies. Algumas das minhas primeiras lembranças prendiam-se ao meu pai sendo muito cruel com um cavalo, chicoteando-o violentamente para que se mexesse. Lembro-me de ter chorado por causa da sua crueldade, enquanto ele ria, pois não conseguia entender por que eu estava nervosa.

Então avancei no tempo nessa mesma existência. Eu calçava pesadas botas de couro e vestia roupas de lã. Fazia muito frio e nevava. Eu estava na adolescência e tinha a sensação de que me tornara rude como o ambiente. Também tive a impressão de que éramos uma tribo muito fechada e terrivelmente cruel com os estrangeiros. Não me perturbava mais com a crueldade, pois aceitava o fato de que as coisas deviam ser daquele jeito.

Passei para outras cenas da minha vida. Essa tribo se movimentava como um grande exército. Num determinado momento, vi que incendiávamos uma hospedaria. Como uma horda, nós simplesmente a atacamos e a queimamos.

Vi uma outra cena em que atacávamos uma cidade cercada de muros, usando uma catapulta que arremessava bolas de fogo.

Quando envelheci, senti-me esgotada com esse tipo de vida. Eu estava cansada, literalmente exausta. Eu tinha muitos filhos que se juntavam à minha volta e um marido cruel em relação ao mundo exterior, embora fosse agradável comigo. Num certo momento, caminhávamos em direção ao rio para buscar água. Era um pequeno passeio familiar, do tipo que se vê hoje nos *shopping centers* de todo o país.

Finalmente, me vi numa tenda cercada por alguns filhos. Eu era uma velha de cabelos pegajosos e grisalhos, prestes a morrer. E foi o que aconteceu.

Essa regressão refletia de muitas maneiras a sua vida atual. Quando casou, Margaret entrou para uma família muito fechada, compreensiva para com os seus membros, mas pouco tolerante com aqueles que não eram da sua linhagem. Seu marido personifica a atitude da família. Embora seja gentil e carinhoso com ela, não é particularmente bondoso com as pessoas que trabalham para ele na loja. Interessante é que, quando pega um funcionário fazendo algo de que não gosta, "ele cai matando em cima" e o "ataca".

Embora essa mulher tenha dois filhos, ainda quer ter muitos mais, já que eles representam bem-estar para ela.

David na ilha

Depois de Margaret, fiz várias consultas com o cristal com resultados excepcionais. Uma dessas consultas foi com um paciente que chamarei de David.

David é um jovem rústico da zona rural sulina. Não é muito sofisticado e descreve os pais como sendo do mesmo jeito. A mãe é dona de casa e o pai vende seguros.

David tem uma aparência muito sofrida. O cabelo é ruivo-acastanhado, os olhos, castanho-pálidos, até a sua roupa parece consistir no traje mais incolor que ele pôde encontrar.

Menciono a sua aparência incolor somente porque sua experiência com a bola de cristal esteve entre as mais coloridas de que já ouvi falar. Eis como ele a descreveu:

> Vi um grupo de pessoas numa praia. Havia uma fogueira e elas cozinhavam algo parecido com um peixe. Eu não estava interessado na comida tanto quanto nas pessoas e no lugar.
>
> Estávamos numa ilha, que, aliás, não era muito grande. Eu podia olhar para cima e ver atrás de nós as colinas da ilha. Sabia que era capaz de caminhar por todo o seu espaço num abrir e fechar de olhos.
>
> Vestíamos trajes bem coloridos que havíamos tingido com um material que parecia papel. À medida que as pessoas ao meu redor caminhavam, suas saias farfalhavam como se fossem de papel picado. Eram cores muito vivas e conflitavam bastante com o verde-claro das árvores e o vermelho intenso das flores.
>
> Na cena seguinte eu estava com um grupo dessas pessoas correndo nas partes rasas da praia, recolhendo os peixes que ficavam presos pela maré. Éramos felizes. Também havia muitas frutas nessa ilha, todas doces e nutritivas.
>
> Havia entre nós um sentimento tribal. Eu não tinha a impressão de que alguém fosse minha mãe ou meu pai, mas sim de que éramos todos uma só pessoa. O mais espantoso de tudo era que

eu não conseguia distinguir se era macho ou fêmea. Talvez por ser muito jovem.

Havia uma pessoa com a qual eu tinha uma relação íntima. Um velho da tribo, um sujeito bem barrigudo, de cabelos negros encaracolados. Ele era o esteio da minha vida. Lembro-me de estar sentado na praia conversando com ele e me sentindo bem à vontade, mas não me lembro do que estávamos falando.

Achei interessante que na regressão ele vivesse numa ilha e não pudesse crescer. Esse detalhe parecia refletir a sua vida atual, em que os pais estavam apreensivos e ressentidos, pois o filho se encontrava ''longe do ninho'', explorando coisas que eles realmente não entendiam. Como disse David: ''Eles estão sempre tentando me puxar de volta para o brejo.'' Para ele, isto significava que procuravam mantê-lo em casa como uma criança.

O velho da tribo de quem ele se sentia próximo não era o seu pai, uma vez que obviamente David não o respeitava muito. Nem podia ser um dos avós, pois ambos tinham morrido antes do seu nascimento. Depois de discutir esse ponto, David concluiu que o velho da praia era um bondoso policial da sua comunidade, que havia sido seu amigo na infância.

O mistério de Michael

Uma das regressões mais intensas e paradoxais que conduzi foi a de um paciente que chamarei de Michael. Sua regressão foi uma combinação de hipnose e cristalomancia, desconcertante pela complexidade e origem.

A melhor descrição que tenho para Michael é que ele é uma pessoa determinada. Ele pareceria totalmente apropriado se batesse à sua porta para consertar a geladeira ou entregar o leite.

Michael foi criado numa fazenda de 400 acres na Carolina do Norte, onde cuidava de animais e passava boa parte do tempo caçando e pescando com os irmãos.

Ele não é do tipo cerebral e admite prontamente que tem pouco interesse ou conhecimento em história. Contudo, sua regressão o levou até o Leste europeu no século XVII. Aí, na infância, ele passou da riqueza para a pobreza e, finalmente, se tornou um burocrata da monarquia húngara. Eis a descrição que fez da sua regressão:

Na primeira cena, me vi percorrendo a estrada numa carruagem. Fazia frio e eu estava todo agasalhado junto da minha mãe. Eu olhava pela janela apavorado, pois estávamos numa zona pobre da cidade e um bando de cães corria em direção à carruagem, latindo.

A carruagem parou e subitamente percebi que minha perspectiva tinha mudado. Eu estava do lado de fora da casa observando, enquanto a porta se abria e nós entrávamos. Uma mulher velha, vestida em farrapos, saiu da casa para nos cumprimentar.

Eu me vi descendo da carruagem. Usava na cabeça um gorro para esquentar, mas um pouco de cabelo ficava descoberto. Meu cabelo era preto e caía sobre o rosto, redondo e bem cheio.

Pude até ver com nitidez as minhas roupas. Eram franzidas e suntuosas. Meus pais — que desceram da carruagem depois de mim — estavam bem vestidos e, obviamente, eram ricos. Minha mãe usava uma espécie de colar de pedras preciosas, e meu pai, um elegante chapéu.

Quando desceram da carruagem, eles não estavam prestando atenção em mim, mas discutiam animadamente sobre algum outro assunto. Meu pai era um homem arrogante, altivo e ao mesmo tempo inseguro.

Minha mãe, uma mulher muito frívola, nervosa, parecia prestes a se partir como uma casca de ovo enquanto falava com meu pai.

Numa das cenas me vi de volta a casa, em Budapeste. Eu observava a mim e aos meus pais passeando de barco no rio. Era uma das nossas atividades favoritas.

Avancei no tempo até um dos eventos traumáticos dessa existência: a doença do meu pai. Ele estava morrendo de consumpção (tuberculose). Lembro-me de vê-lo ofegante nos seus últimos momentos. Mamãe ficou bastante alterada diante dessa cena horrível.

Senti-me totalmente aterrorizado ao observar minha mãe. Eu sabia que ela seria incapaz de me proteger nesse momento.

Então recordei uma época em que nosso dinheiro foi rapidamente gasto e os bens da família liquidados até que nada mais restasse, a não ser eu, minha mãe e as paredes nuas. Finalmente, ela teve de vender a casa e se mudou para junto dos pais, na sua cidade natal.

Lembro-me de ter ficado impressionado com as belas e originais construções dessa cidade. Mas também me lembro de ter sido acometido por uma sensação de desespero transmitida pelos habitantes da cidade. Havia ali uma atmosfera de maus sentimentos.

Vi uma cena de inundação na cidade. Eu e mamãe fomos acordados e tivemos de sair correndo. Enquanto subíamos a estrada em direção a um local mais alto, vimos um caudal de água escura invadindo as ruas.

Sobrevivemos, mas todos os nossos pertences ficaram arruinados. Tudo aquilo que vinha do começo da minha vida opulenta fora destruído pelas águas.

Eu não conseguia me relacionar com ninguém da cidade, exceto com um mestre-escola muito bondoso que tomou afeição por mim. Ele fez com que eu me interessasse por aprender, o que nessa altura da minha vida não era nada fácil. Meu pai insistia tanto para que eu estudasse que chegava a ser quase violento. Vi uma cena em que eu tentava aprender alguma coisa de um livro, enquanto meu pai ficava em cima de mim, gritando, porque eu não conseguia entender o que estava lendo. Fiquei, portanto, assustado com essa experiência.

Mas esse professor me ensinou a gostar de aprender. Quanto mais ele se ocupava comigo, mais eu percebia que devia seguir algum tipo de profissão clerical, e foi o que fiz.

Saltei vários anos adiante e me vi como um jovem, dirigindo-me para Budapeste numa carruagem.

Voltei para a capital e comecei a trabalhar na burocracia. Todos os dias eu ia do pequeno prédio onde morava para o escritório. Ironicamente, o prédio ficava tão perto da casa em que eu vivera na infância que era um sacrifício para mim ter de passar por ela diariamente.

Nunca me casei, pois preferi viver uma vida solitária.

Eu vivia para o meu trabalho, desempenhando uma função burocrática e inexpressiva. Todos os dias atravessava aquelas pesadas portas de madeira e caminhava por um longo corredor de mármore até o meu escritório. Ali eu ficava o dia todo sentado, separando fichas de imposto.

Avancei no tempo até o dia da minha morte, na casa dos 40. Como meu pai, morri de tuberculose. Observei-me do alto, quando o médico veio me visitar. Eu havia me tornado mais fraco e mais magro, tinha poucas esperanças de vida. Perguntei ao médico qual era o problema, mas ele não me disse. Mas, pela minha aparência, era óbvio que eu estava morrendo do mesmo mal que meu pai.

Essa regressão foi desconcertante, tanto para Michael como para mim. Ele se julgava uma pessoa por demais materialista para sequer fazer uma regressão a uma vida passada. Ao constatar, porém, que o resultado do nosso trabalho foi uma regressão complexa, ficamos muito surpresos.

Examinamos os elementos da regressão de Michael. Sua mãe era uma pessoa objetiva, diferente daquela mulher confusa e avoada da bola de cristal. Seu pai também não era como o homem que apareceu no cristal. Ele era bondoso e divertido, e não arrogante como o da regressão. Michael nunca havia tido experiências com inundações nem experimentado o terrível declínio da riqueza para a pobreza.

Michael e eu examinamos sua regressão várias vezes e não conseguimos associá-la com qualquer dificuldade de sua vida atual. Da forma como se apresenta agora, é uma das regressões mais curiosas que ja conduzi.

Técnicas de cristalomancia

Como se pode ver, as regressões realizadas por meio dos cristais são tão detalhadas quanto aquelas feitas por hipnotismo. Na maioria dos casos, a diferença é de controle: na cristalomancia, os pacientes respondem melhor à noção de regressão porque a "controlam" com a bola de cristal. Não precisam se preocupar com a perda do autocontrole, um medo que impede muita gente de ser hipnotizada.

Eis aqui uma lista de conselhos a seguir, se você planeja utilizar os cristais para pesquisar as técnicas de vidas passadas.

• Você precisa de um espelho de metal polido ou de algum tipo de objeto para contemplar.

Pode ser uma bola de cristal ou um espelho, mas sei de pessoas que tiveram êxito mirando uma vasilha com água. A cristalomancia pode ser feita com uma variedade de meios. É necessário que o meio forneça uma profundidade transparente.

A propósito, se resolver usar uma bola de cristal, adquira uma que não seja cara. Existem bolas muito caras feitas de cristal de quartzo, mas essa é uma despesa desnecessária.

• Se utilizar uma bola, arrume um suporte para ela e um pedaço de veludo negro para colocar embaixo, sobre a mesa. Isso evita que entrem reflexos na bola.

• A melhor iluminação para usar é a de luz de vela. Experimente de diferentes ângulos e distâncias. Tenho verificado que, mantendo a vela a uns 60 centímetros da bola, obtém-se a medida exata de luz difusa.

• Siga a mesma técnica de indução que usaria para a hipnose comum. Se prefere gravar, utilize o roteiro que está no final deste livro. Porém, quando estiver relaxado e pronto para a experiência de regressão, diga a si mesmo para abrir os olhos e mirar a bola de cristal.

• Esteja preparado para passar algum tempo contemplando a bola. Não espere ver algo imediatamente. A consulta ao cristal requer uma correta disposição de espírito, não muito exigente nem muito apressada.

A atitude ideal é o relaxamento. Ah, sim, e tenha grandes expectativas. Muitas pessoas prevêem o próprio fracasso quando tentam essa estranha prática. Prevê-lo é certamente fazer com que ocorra.

Algumas advertências

A experiência com vidas passadas pode ser uma aventura espiritual esclarecedora. Mas, como todas as técnicas eficazes de autodescoberta, tem lá as suas armadilhas. Para mim isto é sério, pois tenho a impressão de que muitas pessoas na nossa sociedade estão se lançando em viagens interiores que há apenas uma geração lhes teria valido olhares interrogadores — ou mesmo o escárnio imediato — dos amigos. Sei de exemplos em que grandes grupos de pessoas foram submetidos à regressão a vidas passadas por hipnotizadores, e de outros casos em que grupos de amigos ou conhecidos experimentaram essa técnica com muito pouco preparo anterior. Tendo em vista o generalizado fascínio popular pelas regressões hipnóticas e a óbvia disposição, por parte de um imenso número de pessoas, para se submeter ao experimento, é preciso examinar alguns abusos que podem resultar da utilização ou aplicação incorreta das regressões a vidas passadas.

A seguinte descrição de alguns dos perigos inerentes às experiências com vidas passadas se baseiam no meu trabalho como paciente e como guia e no de colegas que têm feito uma ampla utilização das regressões nas suas práticas ou pesquisas.

Não pretendemos intimidar as pessoas equilibradas, bem-informadas e sinceras que desejem investigar as experiências com vidas passadas. Queremos apenas adverti-las sobre algumas das dificuldades que podem surgir.

Há cinco principais armadilhas que devem ser evitadas quando se empreende uma viagem às vidas passadas. São elas: os charlatães, a obsessão pelos fatos de vidas passadas, expectativas não-realistas, escapismo e vaidade do ego.

Charlatães

O fato de haver uma enorme busca de informações sobre vidas passadas junto com o fato de a hipnose ser um procedimento muito fácil de se aprender criaram uma situação em que pessoas desinformadas e sem preparo se apresentam como "especialistas" em regressão a vidas passadas. Esse problema torna-se ainda mais grave porque apenas um número relativamente pequeno de psicólogos e psiquiatras está interessado em realizar essas regressões, ocasionando assim uma carência de profissionais treinados e dispostos a servir de guias para os interessados em explorar suas vidas passadas.

Porém, uma vez que a maioria das pessoas precisa da assistência de um guia ou hipnotizador para ter acesso a uma experiência dessa natureza (ao menos nas primeiras vezes), aquele que deseja embarcar nessa viagem singular deve ter um grande cuidado na escolha de alguém confiável. A importância de escolher o terapeuta adequado pode ser ilustrada por uma situação pela qual passei quando recentemente compareci a uma conferência de pesquisadores de fenômenos espirituais e psíquicos.

Um dia, na hora do almoço, chamou-me a atenção um dos presentes, que parecia bastante doente. Ele vomitava e engasgava. Quando ele finalmente se recompôs e pôde falar, ficamos sabendo a razão da sua doença. Por incrível que possa parecer, algumas horas antes ele tinha sido regredido hipnoticamente pelo telefone por alguém que se encontrava num outro Estado. Durante a regressão, o infeliz voltou a uma vida passada em que havia morrido enforcado. Com efeito, ele estava mentalmente "preso" naquele momento em que o vimos engasgando no telefone público.

Essa história é uma lição objetiva mostrando que a regressão a vidas passadas deve ser seguida por um processo que os psicoterapeutas chamam de "trabalho completo". Isto significa que, uma vez liberadas emoções ou lembranças fortes pela hipnose (ou por qualquer outra técnica), deve haver um tempo para que o paciente possa falar sobre o assunto e reconciliar esses sentimentos, integrando-os na estrutura mais ampla da sua vida.

De um modo geral, eu lhe recomendo que desconfie de qualquer um que pretenda *dizer* a você quais são as suas vidas passadas. Segundo a minha experiência, a maioria das pessoas que faz esses pronunciamentos grandiosos está, na verdade, interessada em manter seus clientes numa posição dependente ou inferior. Procure alguém que possa guiá-lo, de modo que possa chegar às suas próprias conclusões. Verifique também as credenciais das pessoas que o estão guiando na regressão. Elas são hipnotizadores ou psicoterapeutas profissionais treinados e licenciados?

Minha experiência diz que os melhores guias são aqueles que ajudam o paciente a vivenciar um encontro consigo próprio numa vida passada, ao mesmo tempo que o ajudam a entender as circunstâncias da vida atual por meio da regressão.

Em termos ideais, o melhor guia é quem se deixa fascinar não tanto pelas histórias que emergem durante a regressão mas pelas maneiras como essas experiências podem ajudar o paciente a conhecer a verdade sobre si mesmo.

Obsessão com Fatos de Vidas Passadas

Embora as viagens às vidas passadas sejam relativamente novas na nossa sociedade, outras culturas no mundo todo e em todas as épocas não consideram as vidas passadas como eventos misteriosos, mas como fatos admitidos.

Muitas dessas civilizações advertem que não se deve prestar demasiada atenção a essas experiências. Conquanto as vidas passadas possam emergir durante uma busca espiritual, esses eventos são tratados como panoramas na estrada principal da iluminação espiritual. A reação freqüente dessas culturas diante das vidas passadas é observá-las, aprender com elas e não se deixar absorver de tal maneira a perder de vista as metas da vida presente.

Acho que esse é um bom conselho. Conheci pessoas de tal forma absorvidas nas suas vidas passadas que a regressão se torna um fim em si mesma, em vez de uma ferramenta entre tantas outras no caminho para o autoconhecimento.

Uma forma comum de "obsessão por regressão" é encontrada entre aqueles que não medem esforços para verificar detalhes de suas vidas passadas. Em primeiro lugar, não se tem tido muito sucesso na verificação desses detalhes. No entanto, as tentativas de verificar tais relatos desvalorizam o uso da experiência de regressão para entender os dilemas da vida atual, aos quais geralmente está relacionada.

Expectativas Não-Realistas

De tempos em tempos, as pessoas têm de ser alimentadas com a exuberante crença de que, somente se forem hipnotizadas e levadas de volta a uma vida passada, sentirão um fantástico alívio quanto a incômodos conflitos ou problemas.

Tais expectativas são infundadas. Embora isso aconteça algumas vezes, a regressão a vidas passadas não é uma panacéia para tudo o que aflige o ser humano. Creio ser benéfica quando empreendida de uma perspectiva realista. Aquele que se dedica a ela com curiosidade, receptividade e uma atitude aberta provavelmente terá uma experiência mais satisfatória do que a pessoa que espera por uma solução mágica para as dificuldades da vida.

Escapismo

Uma das razões para o crescente interesse em vidas passadas é, sem dúvida, a avassaladora complexidade da vida moderna. A alienação que muitos de nós sentem quanto a instituições e eventos contemporâneos fornece um campo fértil para a imersão escapista em outras vidas e em outros tempos mais simples. É tentador evitar encarar as dificuldades e as tensões da vida atual introduzindo-se numa existência passada. Eu mesmo sou culpado por essa tendência. Considero a hipnose um estado muito agradável e, quando pela primeira vez comecei a explorar minhas vidas passadas, achei fascinante observar o desenrolar desses espetaculares dramas interiores tanto quanto possível.

No entanto, por mais sedutoras que sejam as experiências de vidas passadas, a experiência como um todo será muito melhor se evitarmos o escapismo e focalizarmos a atenção na importância dessas experiências para a vida atual.

Inflação do Ego

A pouca auto-estima pode ser um problema psicológico devastador. De fato, muitos psicólogos e psiquiatras dizem que a perda da auto-estima é o próprio cerne de uma das mais incapacitantes — e comuns — desordens mentais, a saber, a depressão.

Tão penosa é a sensação de dignidade pessoal abalada que a mente por vezes não medirá esforços para se defender contra esses sentimentos desagradáveis, com freqüência recorrendo a todo tipo de subterfúgios não usuais, evitando enfrentar a dor de um amor-próprio enfraquecido.

Não surpreende, portanto, que algumas pessoas deprimidas fiquem ocasionalmente envaidecidas de sua regressão como uma tentativa de sanar a falta de sentimentos positivos em relação a si mesmas. Afinal, é fácil observar o quanto as lembranças de vidas passadas podem ser deturpadas numa solução atraente para os infortúnios de uma pessoa que acha que não tem nenhum valor. "E se eu não represento muita coisa nesta vida?" A mente subconsciente poderia então pensar: "Numa vida passada fui uma pessoa importante, sábia, rica e muito respeitada."

Pode parecer uma possibilidade remota, porém tenho visto mais de uma pessoa cativada por essa lógica. Esse tipo de defesa psicológica simplesmente não funciona. Todos nós precisamos nos valorizar, mas esse valor diz respeito às nossas necessidades na vida atual, pois é nela que devemos assegurar um senso de auto-estima, para sermos felizes. Apelos a uma vida supostamente feliz numa existência anterior simplesmente não servem para nos fazer felizes aqui. Assim, procurar a felicidade nesta vida, apelando para uma existência passada de bem-aventurança, não passa de ilusão. Além do mais, fazer uma regressão a uma vida passada com esse tipo de atitude desesperada é um modo de assegurar que não se conseguirá tirar o máximo proveito dessa experiência.

De acordo com a minha experiência, as viagens de regressão mais positivas parecem ocorrer quando o paciente assume uma atitude relaxada, do tipo "vamos ver o que acontece", em relação à aventura, e não a utiliza para escorar uma auto-imagem já esmorecida.

As pessoas que adotam comportamentos não-realistas, exagerados, para se sentirem melhor consigo mesmas geralmente se mostram enfatuadas ou presunçosas. Por isso convém referir-se a esse estado como "inflação do ego". Todavia, é importante ter em mente que um comportamento desse tipo nasce de uma profunda insegurança. Aqueles que tentam manter uma aparência de segurança identificando-se com uma suposta celebridade antiga na verdade estão prolongando sua agonia, evitando uma deficiente sensação de auto-estima na vida atual.

Paradoxalmente, as regressões a vidas passadas, quando usadas refletida e ponderadamente como uma ferramenta (entre outras) para a autodescoberta, podem finalmente resultar num autoconhecimento mais profundo, que efetivamente poderá sustentar a auto-estima.

As pessoas que se agarram muito rapidamente a uma experiência de vidas passadas para reavivar sua vacilante auto-estima estão na realidade se privando de um sentido mais vibrante do "eu", que uma investigação mais refletida dos fenômenos de vidas passadas poderia proporcionar.

10

Conclusões

Nas pesquisas sobre vidas passadas conduzi quase 200 regressões hipnóticas com voluntários. Algumas dessas pessoas tiveram experiências muito nítidas durante as quais viajaram de volta no tempo e se viram em diferentes civilizações e situações. Outras apenas foram capazes de testemunhar vislumbres de uma vida passada antes de voltar à atual. Somente um pequeno número, cerca de 10%, não conseguiu ver nenhuma vida passada.

Essas experiências foram todas fascinantes e muitas tiveram origens fáceis de serem identificadas. Por exemplo, algumas refletiam um relacionamento difícil ou uma neurose oculta na vida atual do paciente. Outras obviamente revelavam a auto-imagem do paciente. Assim, um homem que se sente inseguro em suas relações com as mulheres pode se ver dominado por elas numa vida passada. A ligação geralmente é simples.

Mas às vezes as origens dessas vidas passadas não são tão simples de conceber. Como posso explicar aqueles poucos casos enigmáticos em que a regressão a uma vida passada pode ser identificada com uma vida passada real? Não posso, e nem a ciência de um modo geral pode. Quando surgem essas "esquisitices" (como as chamam muitos dos meus colegas), costuma-se rejeitá-las como exemplos de criptomnésia ou de xenoglossia, uma espécie de regurgitação mental de antigas informações. Num mundo de pesquisas científicas que contam com grandes grupos de pessoas com a mesma resposta a um tratamento específico, o modo mais seguro de tratar "esquisitices" é pô-las de lado numa categoria, ignorando-as até que tomem vulto.

"Afirmações extraordinárias"

Por isso é difícil tirar conclusões científicas da minha pesquisa. Ela é um registro de casos, o que significa que se trata de pessoas contando suas histórias. Geralmente não há como confirmá-las, já que uma verificação cruzada requer datas exatas da pessoa que teve a experiência e extensos registros públicos da época. E, finalmente, não há jeito de explicar todos os fatores psicológicos: quanto dessa informação é "refugo" mantido pelo subconsciente? Quanto são problemas que se manifestam como vidas passadas? Realmente não há como saber.

Depois de todo esse trabalho, eu gostaria de poder mostrar algo que fosse uma prova positiva de reencarnação. Mas não posso. Como dizem os filósofos do método científico: "Afirmações extraordinárias exigem provas extraordinárias." No que diz respeito à reencarnação, ninguém até agora forneceu essa prova.

Mas o que a maioria das pessoas quer saber é se de alguma forma essas experiências sugerem a existência da reencarnação.

Para o ser humano, a reencarnação é atraente, pois oferece a perspectiva de a vida ser uma espécie de processo de aprendizado.

Pense bem: todos nós recordamos ter feito muitas escolhas e praticado ações que nos causavam sofrimento e das quais nos lamentamos profundamente. Seria bom se tivéssemos muitas oportunidades para buscar o amor, a auto-realização e a felicidade num processo de evolução mais longo do que nos é permitido numa só existência. A vida é tão complexa, por vezes tão confusa e difícil para todos nós, que à primeira vista parece injusto termos apenas uma chance para aprender a lidar com ela e entender seu profundo mistério.

Mas, por ser a reencarnação precisamente aquilo em que gostaríamos de acreditar é que devemos ficar extremamente desconfiados de quaisquer aparentes registros de observações ou dados que pareçam sustentar essa crença. Afinal, é muito fácil nos iludirmos acreditando no que nos conviesse por motivos emocionais.

A recente controvérsia científica sobre a pretensa fusão a frio é um exemplo. Um físico de Utah relatou que podia gerar energia mediante um processo muito mais limpo e seguro do que a fusão nuclear em reatores.

A partir dessa comunicação, porém, a opinião predominante entre os especialistas parece ser a de que as observações daquele físico estão equivocadas. Sem dúvida, trata-se, em parte, de um exemplo de pensamento que denota ansiedade.

A mesma coisa pode ser verdadeira com relação à reencarnação. Trata-se de uma possibilidade tão atraente para tantas pessoas que acreditar nela pode dar origem a expectativas psicologicamente doentias.

Também devemos ter em mente que a reencarnação — se existe — pode ser muito diferente de como a imaginamos. Talvez mesmo incompreensivelmente diferente.

Por exemplo, suponha que perguntássemos a uma classe de alunos da pré-escola: ''Como será a sua vida depois de se graduar na faculdade?'' Seria raro a criança capaz de ao menos começar a responder a essa pergunta com alguma precisão ou clareza. Sua resposta nem chegaria perto da incompreensível realidade que ela enfrentará depois da graduação. A declaração da criança seria uma versão deploravelmente inadequada da sua vida nesse período.

Sem dúvida, essa criança desconheceria as complexidades da vida. Provavelmente ignoraria os fatores sexuais nos relacionamentos, que estão entre os mais poderosos na formação da personalidade. Seria incapaz de compreender o mundo do trabalho ou mesmo as responsabilidades de cuidar de uma família.

De fato, se de algum modo lhe fosse revelado como seria sua vida dali a 20 anos, tudo pareceria uma fantasia distante e confusa.

Se existe vida após a morte, as histórias que agora sustentamos como verdadeiras devem ser muito diferentes da realidade de uma além-vida. Mesmo aqueles que reviveram depois de passar pela experiência de quase-morte são unânimes em garantir que a linguagem terrena não consegue comunicar a natureza do extraordinário conhecimento que adquiriram quando passaram para o outro lado.

Creio que as experiências de vidas passadas são mais compreensíveis no contexto da percepção dos processos históricos. Talvez essas experiências tenham alguma ligação com a compreensão que a humanidade tem da história. É bem possível que essas aparentes experiências de vidas passadas começassem como uma maneira de enfrentar seriamente a realidade vivida pelo homem durante milhares de anos, em muitas civilizações e de muitas formas. A civilização nos deixa confusos, especialmente quanto à nossa capacidade de ver com clareza desde a Idade da Pedra até a Era do Computador. Pode ser que o subconsciente de cada um de nós esteja lutando para descobrir onde nos encaixamos nesse longo encadeamento da humanidade.

Recentemente me fizeram esta pergunta: "Se fosse convocado um tribunal para decidir sobre a existência da reencarnação, qual seria a conclusão do júri?" Acho que decidiria a favor da reencarnação. Afinal, para a maioria das pessoas essas vidas passadas são por demais desconcertantes para serem explicadas de alguma outra forma.

Pessoalmente, minha experiência com vidas passadas mudou o meu sistema de crenças. Não considero mais essas experiências como "esquisitices". Vejo-as agora como eventos normais que podem acontecer com quase todos os que possam ser hipnotizados. No mínimo, são revelações profundas do subconsciente. No máximo, são indícios de uma vida anterior a esta.

11

Auto-Hipnose para a Auto-Investigação

O medo de perder o controle impede que muitas pessoas procurem um hipnoterapeuta ou mesmo se deixem hipnotizar. Embora um bom hipnoterapeuta não abuse do seu poder, para algumas pessoas é melhor que comecem sozinhas com o hipnotismo, para que possam aprender a se sentir à vontade com esse processo. É por isso que incluí aqui um roteiro para uma auto-hipnose gravado em fita. Esta fita ajudará o usuário a descobrir suas vidas passadas. Para alguns, a auto-hipnose funciona na primeira tentativa. Para outros, é preciso tentar várias vezes. A chave da hipnose bem-sucedida é a paciência e a perseverança.

Grave esse roteiro lenta e calmamente, não se esquecendo de que o objetivo da fita é induzir à hipnose, o que requer relaxamento. Talvez você queira manter um cronômetro à mão para que os intervalos entre as sugestões sejam uniformes.

Leia o roteiro até o fim pelo menos duas vezes para se familiarizar com ele e depois ligue o gravador.

Roteiro de Auto-Hipnose

Desloque o centro da consciência — exatamente o centro da sua consciência — para os músculos das pálpebras.

(5 segundos)

Atente para o fato de que toda a tensão está indo embora e você está relaxando.

(5 segundos)

Relaxe.

(2 segundos)

Relaxe.

(2 segundos)

Agora concentre a atenção nos olhos. Deixe que os olhos relaxem. Sinta os relaxados e soltos.

(5 segundos)

Relaxe.

(2 segundos)

Relaxe.

(2 segundos)

Agora desloque o centro da consciência para os músculos da parte superior do rosto.

(2 segundos)

Concentre a atenção neles. Agora, relaxe.

(2 segundos)

Relaxe.

(2 segundos)

Relaxe.

(2 segundos)

Agora concentre a atenção na parte inferior da face. Sinta toda a tensão se desfazendo.

(2 segundos)

Relaxe.

(2 segundos)

Relaxe.

(2 segundos)

Relaxe.

(2 segundos)

Agora concentre a atenção nos músculos em torno da boca. E também dos lábios. Sinta toda a tensão saindo... e
Relaxe.

(2 segundos)

Relaxe.

(2 segundos)

Relaxe.

(2 segundos)

Agora, sinta os músculos do queixo se soltarem. Você os sente relaxados. O queixo se afrouxa.

(2 segundos)

Relaxe.

(2 segundos)

Relaxe.

(2 segundos)

Relaxe.

(2 segundos)

Se precisar engolir, proceda naturalmente, permanecendo muito, muito relaxado.

(2 segundos)

Agora sinta os músculos da testa. Concentre a atenção neles. Sinta-os relaxar.

(2 segundos)

Relaxe.

(2 segundos)

Relaxe.

(2 segundos)

Agora, totalmente relaxado, perceba os músculos do couro cabeludo. Sinta-os relaxar.

(2 segundos)

Relaxe.

(2 segundos)

Relaxe.

(2 segundos)

Relaxe

(2 segundos)

Agora, desloque o centro da consciência para os músculos da parte posterior da cabeça... do pescoço ... e relaxe.

(2 segundos)

Relaxe.

(2 segundos)

Relaxe.

(2 segundos)

Toda a cabeça está relaxada. Você percebe como ela está pesada. Está tão relaxada que chega a pesar sobre a almofada.

(3 segundos)

Agora, traga o centro da consciência para as narinas. Concentre a atenção nas narinas... sinta o ar entrando e saindo.

(2 segundos)

Entrando e saindo.

(2 segundos)

Entrando e saindo.

(2 segundos)

Sinta como é bom o ar passando pelas narinas... entrando na garganta e indo para os pulmões.

(2 segundos)

Sinta esse maravilhoso movimento através dos pulmões, entrando e saindo.

(2 segundos)

Sinta como o livre fluxo do ar o deixa cada vez mais relaxado. Cada vez mais à vontade. Um relaxamento cada vez mais profundo.

(2 segundos)

Agora sinta, com uma inspiração profunda — a mais profunda que puder —, sinta os músculos da parede torácica relaxarem.

(2 segundos)

Relaxe.

(2 segundos)

Relaxe.

(2 segundos)

Agora, inspire novamente e se sinta cada vez mais relaxado.

(2 segundos)

Cada vez mais relaxado.

(2 segundos)

Sinta o relaxamento descer até os músculos do abdômen. Concentre a atenção nesses músculos.

(2 segundos)

Relaxe.

(2 segundos)

Relaxe.

(2 segundos)

Relaxe.

(2 segundos)

Você está muito, muito relaxado.

(2 segundos)

Agora, concentre a atenção nos músculos da base do pescoço até a base da espinha.

(2 segundos)

Preste bem atenção a todos os músculos da espinha.

(2 segundos)

Relaxe.

(2 segundos)

Relaxe.

(2 segundos)

Relaxe.

(2 segundos)

Agora, sinta a parte superior do corpo relaxar lentamente. Sinta o seu peso enquanto ela se contrai.

(2 segundos)

Está pesada.

(2 segundos)

Muito, muito pesada.

(2 segundos)

Agora, comece a relaxar os ombros. O ombro direito. Concentre toda a sua atenção nesse ombro e deixe-o relaxar.

(2 segundos)

Relaxe.

(2 segundos)

Relaxe.

(2 segundos)

Relaxe.

(2 segundos)

Agora, sinta os músculos do braço direito relaxarem. Sinta esses músculos relaxarem.

(2 segundos)

Relaxe.

(2 segundos)

Relaxe.

(2 segundos)

Relaxe.

(2 segundos)

Agora desloque o centro da consciência para os músculos do antebraço direito. Concentre a atenção nesses músculos. Deixe que relaxem.

(2 segundos)

Relaxe.

(2 segundos)

Relaxe.

(2 segundos)

Relaxe.

(2 segundos)

Agora preste atenção nos músculos do pulso e da mão direita. Até as pontas dos dedos. Deixe que relaxem.

(2 segundos)

Relaxe.

(2 segundos)

Relaxe.

(2 segundos)

Relaxe.

(2 segundos)

Agora, desloque o centro da consciência para o ombro esquerdo. Concentre toda a sua atenção nesse ombro e deixe-o relaxar.

(2 segundos)

Relaxe.

(2 segundos)

Relaxe.

(2 segundos)

Relaxe.

(2 segundos)

Agora, sinta os músculos do braço esquerdo relaxarem. Sinta esses músculos relaxarem.

(2 segundos)

Relaxe.

(2 segundos)

Relaxe.

(2 segundos)

Relaxe.

(2 segundos)

Agora, desloque o centro da consciência para os músculos do antebraço esquerdo. Concentre a atenção nesses músculos. Deixe que eles relaxem.

(2 segundos)

Relaxe.

(2 segundos)

Relaxe.

(2 segundos)

Relaxe.

(2 segundos)

Agora, desloque a sua atenção para os músculos do pulso e da mão esquerda. Até as pontas dos dedos. Deixe que relaxem.

(2 segundos)

Relaxe.

(2 segundos)

Relaxe.

(2 segundos)

Relaxe.

(2 segundos)

Agora traga o centro da consciência para os músculos da perna esquerda.

Sinta a coxa esquerda começando a relaxar. Sinta esse relaxamento descendo até o joelho. Concentre a atenção nesses músculos e relaxe.

(2 segundos)

Relaxe.

(2 segundos)

Relaxe.

(2 segundos)

Relaxe.

(2 segundos)

Agora, sinta o relaxamento descer até a parte inferior da perna esquerda. Até a barriga da perna. E se estendendo até a ponta dos dedos. Agora, relaxe.

(2 segundos)

Relaxe.

(2 segundos)

Relaxe.

(2 segundos)

Relaxe.

(2 segundos)

Note como todo o seu lado esquerdo, do alto da cabeça até a ponta dos pés, está pesado, relaxado.

(2 segundos)

Você se sente muito, muito relaxado.

(2 segundos)

Todo o seu corpo agora está relaxado. Você se sente como se estivesse afundando nas almofadas.

(2 segundos)

E se sentir que a boca está seca, poderá evitar isso deslocando o centro da consciência para a cavidade do estômago.

(5 segundos)

Agora vou contar de dez até zero. E a cada número você ficará mais relaxado. Ao chegar ao zero, você estará tão profundamente relaxado e à vontade quanto é possível estar neste momento e lugar.

(2 segundos)

Agora, leve o centro da consciência para os músculos da perna direita.

Sinta a coxa direita começando a relaxar. Sinta esse relaxamento descer até o joelho. Concentre sua atenção nesses músculos e relaxe.

(2 segundos)

Relaxe.

(2 segundos)

Relaxe.

(2 segundos)

Relaxe.

(2 segundos)

Relaxe.

(2 segundos)

Agora, sinta o relaxamento descer até a parte inferior da perna direita. Até a barriga da perna. E se estendendo até a ponta dos dedos. Agora, relaxe.

(2 segundos)

Relaxe.

(2 segundos)

Relaxe.

(2 segundos)

Relaxe.

(2 segundos)

Relaxe.

(2 segundos)

Note que todo o seu lado direito, do alto da cabeça até a ponta dos pés, está pesado, relaxado.

(2 segundos)

Você se sente muito, muito relaxado.

(2 segundos)

E a cada número contado, você se sentirá cada vez mais relaxado. Muito, muito descontraído.

(2 segundos)

Dez. Você está se sentindo profundamente relaxado.

(2 segundos)

Nove. Cada vez mais, mais e mais confortável e relaxado.

(2 segundos)

Oito. Mais profundamente ainda. Até...

(2 segundos)

Sete. Mais profundamente, cada vez mais confortável. Até...

(2 segundos)

Seis. Mais profundamente ainda. Cada vez mais...

(2 segundos)

Cinco. Você se sente cada vez mais relaxado, até...

(2 segundos)

Quatro. Mais profundamente. Mais relaxado. Até...

(2 segundos)

Três. Um relaxamento cada vez mais profundo, até...

(2 segundos)

Dois. Mais profundamente, mais, até...

(2 segundos)

Um. Agora, mais profundamente do que nunca. Você se sente muito relaxado. Agora, iremos até...

(2 segundos)

Zero. Aqui você está profundamente relaxado, como jamais esteve.

Quero que permaneça muito relaxado e muito à vontade.

Quero que imagine que está num belo lugar. É um lugar maravilhoso, maravilhoso e confortável.

E use o poder da sua mente para imaginar esse belo local lá fora. Olhe à sua volta e veja com nitidez os arredores. Veja a paisagem e sinta o conforto desse lugar.

(2 segundos)

Daqui a pouco pedirei para você usar o poder da sua mente e da sua imaginação. Para imaginar, para sentir que você se eleva para fora do corpo neste lindo dia. Para um ponto de vista vários metros acima de você.

De lá você descerá aos poucos até voltar novamente para a terra. Mas, dessa vez, quando atingir o chão, estará numa vida anterior. Numa experiência que muito se parece com uma vida que você teve há algum tempo no passado. Antes de ter nascido.

Você será capaz de ver as cenas da sua vida.

Poderá entrar e sair delas.

Mesmo estando profundamente relaxado, será capaz de falar e, ao mesmo tempo, sensações, pensamentos e cenas virão à sua mente.

Se desejar, poderá liberar o seu senso crítico e deixar que surja no consciente o que quer que seja. Você será capaz de acompanhá-lo.

Mais tarde, poderá relembrar tudo, com senso crítico e analítico, se assim o quiser. Mas agora, simplesmente deixe acontecer.

A experiência virá. E você verificará que, durante todo o decurso dela, o seu corpo estará relaxado e confortável.

E você poderá sentir as emoções que acompanham todos os eventos. Se isso acontecer, fique confiante de que elas não lhe causarão nenhum mal.

Você já passou por elas antes e sabe que está seguro.

Agora, desse belo lugar, sinta a força vital em você, essa energia vibrante em seu corpo.

Agora, sinta que está se elevando acima do seu corpo. Use o poder da mente para se elevar acima do nível do corpo. A princípio, apenas alguns centímetros. Deixe-se levar cada vez mais para o alto.

Sinta-se impelido ainda mais para o alto, acima do corpo. Use o poder da mente para imaginar isso. Lá está você. Sentindo-se confortável. Tão relaxado...

Daqui a pouco, estalarei os dedos e a sua mente inconsciente selecionará uma vida passada que seja particularmente significativa e interessante para a sua vida atual.

Apenas relaxe e deixe que a mente subconsciente faça o trabalho. Deixe-a selecionar a vida.

(Estale os dedos uma vez)

Agora, sinta que está descendo bem devagar. Para baixo. Para baixo. Lentamente, suavemente, pronto para tocar o chão.

Lembre-se de que, ao tocar o chão, recordará uma vida passada e aceitará o que estiver vendo.

Você está descendo, descendo. Lentamente, pousando no chão. Você está olhando para os pés.

Consegue ver os pés?

(2 segundos)

Olhe para o chão em volta dos seus pés.

(2 segundos)

Agora, lentamente, olhe para cima...

(1 segundo)

...lentamente...

(1 segundo)

...lentamente...

(2 segundos)

Esteja disposto a aceitar o que está vendo.

(2 segundos)

Olhe para cima lentamente. Disponha-se a aceitar o que está vendo.

(2 segundos)

Agora você deve olhar para frente.

(2 segundos)

O mundo ao seu redor deve ser focalizado lentamente.

(1 segundo)

Focalizado lentamente.

(1 segundo)

Focalizado lentamente.

(1 segundo)

Agora as coisas devem estar mais nítidas.

(1 segundo)

Mais nítidas.

(1 segundo)

Mais nítidas.

(1 segundo)

Agora focalize e aceite o que está vendo.

(2 segundos)

Aceite o ambiente.

(2 segundos)

Agora, quando eu contar até três, diga-me o que está vendo.

(1 segundo)

Um...

(1 segundo)

Dois...

(1 segundo)

Três...

(2 segundos)

Agora, diga-me o que está vendo nessa vida passada.

(30 segundos de intervalo na fita)

Conte-me mais coisas.

(30 segundos)

Se puder me contar mais, por favor, faça-o. Mas não se sinta pressionado. Diga-me o que está vendo, se estiver vendo alguma coisa.

(30 segundos)

Há outras pessoas?

(5 segundos)

Se estiver vendo outras pessoas, o que estão usando e como se parecem?

(30 segundos)

Como são os arredores? Fale sobre o que está vendo. Há algum tipo de construção ou estrutura? Como é a geografia do lugar? Conte-me.

(30 segundos)

Conte-me mais coisas sobre o ambiente dessa vida passada, se puder.

(15 segundos)

Sinta-se livre para se movimentar nessa vida passada.

(5 segundos)

Explore à vontade. Examine tudo à sua volta.
Olhe com curiosidade para essa vida passada.
Conte-me o que vê.

(30 segundos)

Consegue ouvir alguma conversa?

(2 segundos)

Se consegue, diga-me o que está ouvindo. Caso contrário, não se preocupe. Continue se movimentando nesse sonho.

(2 segundos)

Descreva o que está vendo e ouvindo. Estou escutando.

(30 segundos)

Se quiser continuar, ainda estou escutando.

(30 segundos)

Você está ouvindo outras conversas ou qualquer outra coisa? Conte-me mais sobre o que está ouvindo e vendo.

(30 segundos)

Está vendo nessa vida passada pessoas que o acompanham na vida atual?

(3 segundos)

Em caso positivo, fale-me a respeito delas. Quem são elas nessa vida passada?

(30 segundos)

Diga-me como estão tratando você.

(30 segundos)

Você pode se movimentar no tempo nessa vida passada. Avance até o final dessa vida e me diga o que vê.

(2 segundos)

Qual a sua aparência?

(15 segundos)

Onde você está? Descreva os arredores.

(15 segundos)

Quero que me diga o que está acontecendo neste momento, em sua vida passada. Ficarei em silêncio por alguns minutos, enquanto você descreve o que está ocorrendo, com todos os detalhes que puder. Vá em frente e fale.

(2 minutos)

Tem algo mais a dizer? Ficarei em silêncio por mais um minuto, enquanto você me conta outras coisas, se assim desejar.

(1 minuto)

Muito bem. Tem mais? Ficarei em silêncio enquanto você fala.

(30 segundos)

Muito bem. Congele a sua vida passada exatamente onde você está. Você tem esses eventos sob controle; portanto certamente poderá retê-los se quiser.

(5 segundos)

Quero que se lembre de que isso foi uma vida passada. Agora você está numa outra vida e, seja lá o que tenha acontecido, foi algo a que sobreviveu. Você pode aprender a viver melhor e mais feliz na vida atual por meio das experiências da sua vida passada.

(5 segundos)

Você vai voltar suavemente à vida atual. Sinta que está descendo lentamente até o seu corpo. Lentamente... Lentamente...

(5 segundos)

Sinta o subconsciente deixar a vida passada e retornar ao seu corpo como a mão numa luva.

(5 segundos)

Você pode sentir isso? Você está de volta ao seu corpo.

(5 segundos)

Movimente as mãos e os pés com vagar.

(5 segundos)

Movimente a cabeça de um lado para o outro suavemente.

(5 segundos)

Inspire profundamente três vezes.

(2 segundos)

Um...

(2 segundos)

Dois...

(2 segundos)

E três.

(2 segundos)

Agora você está de volta. Abra os olhos e olhe atentamente à sua volta. Eu já terminei, mas você deve permanecer deitado por mais alguns minutos e refletir sobre a experiência de vida passada que acabou de vivenciar. Ela está relacionada com a sua vida atual? Há lições que podem ser aprendidas? Pense um pouco e depois volte à sua rotina diária.

(Aqui termina a fita.)

O valor da auto-hipnose

Como você pode ver, há certas limitações com uma fita de áudio que não ocorrem num hipnotismo vivo. Por exemplo, uma fita supõe que certas experiências vão acontecer, como por exemplo o paciente ver outras pessoas em sua regressão, ou determinadas construções, determinados aspectos geográficos.

Às vezes, as pessoas que estão sendo submetidas à regressão não vêem essas coisas, pois a orientação cega dada pela fita os confundiria. Um hipnólogo presente seguiria o fluxo, acompanhando o rumo tomado pelo paciente.

Os roteiros de fitas de áudio também são incapazes de antecipar eventos que poderiam ser interessantes e pertinentes à vida atual de um paciente. Por exemplo, se uma breve conversa relevante para um dilema da vida atual foi recordada numa vida passada, o roteiro da fita não seria capaz de examiná-la mais a fundo, enquanto um hipnotizador poderia fazê-lo.

Portanto, agora que expus alguns pontos negativos da regressão com fita da áudio, deixe-me apontar seu principal valor: *ela faz com que o paciente se sinta à vontade com a hipnose, pois a indução hipnótica vem da sua própria voz.* Eis aí o verdadeiro valor desse roteiro gravado. Se o paciente for razoavelmente bem-sucedido com a fita produzida por ele mesmo, poderá entender que a verdadeira natureza da hipnose não é a perda do controle, mas efetivamente a obtenção de um controle suficiente para penetrar no subconsciente.

Esse entendimento poderá realmente motivá-lo a fazer outras explorações, quando poderá utilizar o talento de um hipnoterapeuta qualificado.

MÃOS DE LUZ

Barbara Ann Brennan

Este livro é de leitura obrigatória para todos os que pretendem dedicar-se à cura ou que trabalham na área da saúde. É uma inspiração para todos os que desejam compreender a verdadeira essência da natureza humana.
ELISABETH KUBLER-ROSS

Com a clareza de estilo de uma doutora em medicina e a compaixão de uma pessoa que se dedica à cura, com quinze anos de prática profissional observando 5000 clientes e estudantes, Barbara Ann Brennan apresenta este estudo profundo sobre o campo energético do homem.

Este livro se dirige aos que estão procurando a autocompreensão dos seus processos físicos e emocionais, que extrapolam a estrutura da medicina clássica. Concentra-se na arte de curar por meios físicos e metafísicos.

Segundo a autora, nosso corpo físico existe dentro de um "corpo" mais amplo, um campo de energia humana ou aura, através do qual criamos nossa experiência da realidade, inclusive a saúde e a doença. É através desse campo que temos o poder de curar a nós mesmos.

Esse corpo energético – pelo qual a ciência só ultimamente vem se interessando, mas que há muito é do conhecimento de curadores e místicos – é o ponto inicial de qualquer doença. Nele ocorrem as nossas mais fortes e profundas interações, nas quais podemos localizar o início e o fim de nossos distúrbios psicológicos e emocionais.

O trabalho de Barbara Ann Brennan é único porque liga a psicodinâmica ao campo da energia humana e descreve as variações do campo de energia na medida em que ele se relaciona com as funções da personalidade.

Este livro, recomendado a todos aqueles que se emocionam com o fenômeno da vida nos níveis físicos e metafísicos, oferece um material riquíssimo que pode ser explorado com vistas ao desenvolvimento da personalidade como um todo.

Mãos de Luz é uma inspiração para todos os que desejam compreender a verdadeira essência da natureza humana. Lendo-o, você estará ingressando num domínio fascinante, repleto de maravilhas.

EDITORA PENSAMENTO

O PARADIGMA HOLOGRÁFICO

e outros paradoxos

Ken Wilber (org.)

Cientistas e pensadores proeminentes apresentam neste livro, em linguagem acessível, as últimas descobertas no campo da ciência e as teorias que buscam demonstrar uma extraordinária semelhança entre as grandes tradições místicas do Oriente e do Ocidente e o pensamento científico moderno. As várias correntes de investigação aqui representadas levam o leitor a uma ampla compreensão do "novo Paradigma Holográfico". De modo caloroso e vital, são aqui apresentadas e debatidas as muitas interpretações das novas pesquisas através de seus mais significativos representantes.

* * *

Organizado e prefaciado por Ken Wilber, os capítulos deste livro são assinados por alguns dos mais conhecidos cientistas e pensadores da atualidade, tais como Marilyn Ferguson, Karl H. Pribram, Renée Weber, Ken Dychtwald, Fritjof Capra, Sam Keen, Kenneth R. Pelletier, Bob Samples, Stanley Krippner, John Shimotsu, John Welwood, Itzhak Bentov, Irwin Thompson, Willis Harman, William A. Tiler, John R. Batista e Leonard J. Duhl.

"A superteoria holográfica afirma que nossos cérebros constroem a realidade concreta interpretando freqüências vindas de uma dimensão que transcende o tempo e o espaço. O cérebro é um holograma que interpreta um universo holográfico."

MARILYN FERGUSON

"A verdadeira condição do mundo material é a totalidade. Se nos fragmentamos, a culpa é toda nossa."

DAVID BOHM

"A relatividade e, o que é ainda mais importante, a mecânica quântica sugeriram com bastante vigor (embora não o tenham provado) que o mundo não pode ser analisado em partes que existem de modo separado e independente. Além disso, cada parte, de certa forma, envolve todas as outras, contendo-as ou dobrando-as dentro de si. Esse fato sugere que a esfera comum da vida material e a esfera da experiência mística partilham de uma certa ordem e que isso permitirá um relacionamento proveitoso entre elas."

DAVID BOHM

"Os físicos exploram os níveis da matéria; os místicos exploram o nível da mente. O que eles têm em comum em suas explorações é que esses níveis, em ambos os casos, situam-se além da percepção sensorial ordinária."

FRITJOF CAPRA

"O paradoxo é simplesmente a maneira como o não-dualismo encara o nível mental. O Espírito, em si mesmo, não é paradoxal; ele não pode ser caracterizado de modo algum."

KEN WILBER

EDITORA CULTRIX

O PONTO DE MUTAÇÃO

Fritjof Capra

Em *O Tao da Física,* Fritjof Capra desafiou a sabedoria convencional ao demonstrar os surpreendentes paralelos existentes entre as mais antigas tradições místicas e as descobertas da Física do século XX. Agora, em *O Ponto de Mutação,* ele mostra como a revolução da Física moderna prenuncia uma revolução iminente em todas as ciências e uma transformação da nossa visão do mundo e dos nossos valores.

Com uma aguda crítica ao pensamento cartesiano na Biologia, na Medicina, na Psicologia e na Economia, Capra explica como a nossa abordagem, limitada aos problemas orgânicos, nos levou a um impasse perigoso, ao mesmo tempo em que antevê boas perspectivas para o futuro e traz uma nova visão da realidade, que envolve mudanças radicais em nossos pensamentos, percepções e valores.

Essa nova visão inclui novos conceitos de espaço, de tempo e de matéria, desenvolvidos pela Física subatômica; a visão de sistemas emergentes de vida, de mente, de consciência e de evolução; a correspondente abordagem holística da Saúde e da Medicina; a integração entre as abordagens ocidental e oriental da Psicologia e da Psicoterapia; uma nova estrutura conceitual para a Economia e a Tecnologia; e uma perspectiva ecológica e feminista.

Citando o *I Ching* — "*Depois de uma época de decadência chega o ponto de mutação*" — Capra argumenta que os movimentos sociais dos anos 60 e 70 representam uma nova cultura em ascensão, destinada a substituir nossas rígidas instituições e suas tecnologias obsoletas. Ao delinear pormenorizadamente, pela primeira vez, uma nova visão da realidade, ele espera dotar os vários movimentos com uma estrutura conceitual comum, de modo a permitir que eles fluam conjuntamente para formar uma força poderosa de mudança social.

EDITORA CULTRIX

Outras obras de interesse:

RECORDANDO VIDAS PASSADAS
Dra. Helen Wambach

TRANSCOMUNICAÇÃO – A Comunicação com o Além por Meios Técnicos
Theo Locher e *Maggy Harsch*

ENTENDENDO A MORTE – Um Estudo Fascinante sobre um dos Maiores Mistérios da Vida
Howard Murphet

PONTE ENTRE O AQUI E O ALÉM – Teoria e Prática da Transcomunicação
Hildegard Schäfer

AS PROVAS DA VIDA APÓS A MORTE
Martin Ebon

HISTÓRIAS DE REENCARNAÇÃO – Histórias Reais e Surpreendentes de Vidas Passadas e de seus Personagens
Rosemary Ellen Guiley

VIDA/TRANSIÇÃO/VIDA – Explorações Científicas no Tempo de Transição entre uma Encarnação e outra
Joel L. Whitton e *Joe Fisher*

O QUE HÁ ALÉM DA MORTE
C.W. Leadbeater

A RODA DA ETERNIDADE
Helen Greaves

ENTRE DOIS MUNDOS
Arthur Guirdham

O MISTÉRIO DA MORTE
Earlyne Chaney

MORTE... E DEPOIS?
Annie Besant

A VIDA DEPOIS DA MORTE
Yogue Ramacháraca

A VIDA NOS MUNDOS INVISÍVEIS
Anthony Borgia

A REENCARNAÇÃO ATRAVÉS DOS SÉCULOS
Nair Lacerda

A VIAGEM DE UMA ALMA
Peter Richelieu